ISBN : 2-911955-10-2

ARFON MAISON D'EDITION
BP 4047
31029 TOULOUSE CEDEX 4

Tél. (33) 05.61.73.26.16
Fax. (33) 05.61.73.11.60
E.Mail : arfon@wanadoo.fr

Photographies : André Berthélémy
Cartes anciennes : collections Louis Bénazet, Josée Gérard et Patrick Martin
Cartes modernes : archives Editions Arfon
Mise en page et photogravure : TEC Toulouse

COTE GÉNÉRALE DES CARTES PARFUMÉES III

par

Geneviève Fontan

ARFON

CENT ANS ET DES MILLIERS DE CARTES

Les premières cartes apparaissent au début du siècle, elles n'ont jamais vraiment cessé d'exister mais les parfumeurs redoublent leur production depuis une dizaine d'années avec la distribution de plus en plus restreinte des échantillons miniatures. Une manière plus économique de faire circuler en image leurs senteurs nouvelles.

Ainsi cette collection s'adresse à tous, même aux budgets les plus restreints, puisque à chaque lancement de parfum une carte est émise et offerte sans obligation d'achat.

Les grands collectionneurs sont à l'affût des cartes inconnues, un phénomène tout à fait naturel que l'on retrouve dans toutes les collections en général et qui contribue à faire monter les enchères. Le jour de gloire est arrivé pour ces papiers buvards qui il y a moins de vingt ans ne valaient guère plus qu'une image de chocolat Menier ou Guérin Boutron.

Les guerres vont anéantir toute une pléïade de marques. Gellé, Giraud, Delletrez, Mouilleron, Lorenzy Palanca... Disparues ! Patou, Lanvin, Guerlain, Chanel et quelques autres feront le saut en beauté. Piver, Houbigant, Molyneux, Coty... ont gardé la marque mais perdu leur image. De nouveaux parfumeurs viendront reprendre le flambeau, ainsi Ricci, Rochas, Lancôme... marquent la reprise d'une économie appauvrie. La fin de siècle révèlera de nouveaux parfumeurs issus de la haute couture, joaillerie, mais aussi portant le nom de marques automobiles, d'articles de sport ou de maroquiniers... D'autres porteront le nom de célébrités de la chanson de l'opéra et des variétés ou encore du cinéma. Dans la pléïade des disparus des noms sont rachetés et ressurgissent sur le marché avec pour étendard un passé légendaire pour des créations nouvelles. C'est le cas de Madeleine Vionnet, Martial & Armand, Violet, Lucien Lelong, Schiaparelli... A travers les cartes parfumées toutes ces grandes périodes du siècle ricochent et véhiculent l'image contemporaine du moment.

Art Nouveau et Art Déco marqueront de leur lignes délirantes de beauté ces papiers buvards illustrés si artistiquement. Les Parfums de Rosine produiront des cartes-signets découpés à la forme du flacon. Les gaufrages et les découpes de Viville ou Delletrez, les énigmatiques cartes glissées sous enveloppe de Gabilla où la provocante carte représentant un couple nu enlacé dans un élan d'amour subsument dans les grandes collections. Les illustrateurs les plus renommés signeront ces cartes publicitaires. Ainsi

Gruau chez Dior, Bérard pour Ricci, Domergue pour Rigaud... apposeront leur griffe sur ces cartons olfactifs.

L'an 2000 est là, on a inventé des procédés pour parfumer tissu, plume, carton, papier et plastique. Le patch est bien introduit dans les collections. Cartes postales, marque-pages ou cartes, type carte téléphonique sont les supports favoris des patch. Quelques inventions originales de la part des créateurs contemporains font fureur, " Déclaration " en métal sous enveloppe, ou encore les tryptiques de Gaultier ou la ménagerie de Bulgari. Chanel produit une quantité considérable de cartes en séries ou commémoratives, toujours d'un goût très sûr et sobre. Les éditions limitées de cartes se multiplient, avec Patou pour Parfum Royal, Chanel pour Andy Wahrol ou encore Gaultier pour la St Valentin.
Chaque lancement de parfum, chaque voyage à l'étranger viendra enrichir les collections des mordus de la carte qui pourront élargir ainsi sans souci de trésorerie leur collection.

LECTURE DE L'OUVRAGE

Deux parties : les cartes anciennes et les cartes modernes.
Le lexique des marques précède chacun des chapitres. A côté de la marque, on peut lire le numéro de(s) page(s) où l'on trouvera des cartes de la marque.
Une astérisque indique le flou qui entoure la décision du choix de la marque.
Dans la partie cartes modernes, le pays d'où provient la carte est parfois signalé.
Dans la classification des marques l'ordre alphabétique a été retenu, avec d'abord le nom propre en prenant en compte les particules ou groupe de mots et le prénom.

Une lettre respectivement " A " pour les anciennes et " M " pour les modernes figure devant chaque référence pour chaque carte. Un pavé sur chaque double page indique les correspondances de valeurs et les caractéristiques qui se rapportent à chaque carte.
L'icône figurant un livre ouvert signale que la carte comporte deux volets.
Dans la deuxième partie, le pays de provenance de la carte est parfois signalé à titre indicatif. En effet les collectionneurs le savent bien, des cartes distribuées en Espagne peuvent être aussi distribuées en Allemagne !

La disposition des cartes sur chaque planche prend en compte l'aspect esthétique, c'est la raison pour laquelle l'ordre peut être dans certains cas bousculé.

La marque n'apparaît pas toujours et suscite des discussions et recherches. Pour simplifier la lecture du livre les noms qui figurent sur les cartes -qui ont du mal a être identifiés comme marque ou nom de parfum- ont été retenus dans cet ouvrage dans la classification des marques, une astérisque indique ce choix arbitraire. Revenons sur le fait qu'une marque est rarement le nom d'une firme indépendante mais qu'elle appartient en général à un groupe ou holding qui est propriétaire majoritaire de plusieurs marques. Ainsi Lancôme appartient au groupe L'Oréal, Tartine & Chocolat au groupe Givenchy, Nina Ricci appartient au groupe espagnol Puig et Roger & Gallet à Sanofi. Le groupe LVMH possède de nombreuses marques de parfums, notamment Guerlain Loewe, Céline, Christian Dior... Encore plus complexes les marques étrangères, avec de puissants groupes comme Maurer & Wirtz ou encore Muhelens.

VALEUR

Elle est indiquée dans l'ouvrage de manière codée en fourchettes de prix. Dans les deux parties l'auteur a établi les prix en accord avec un comité composé de collectionneurs très renseignés et quotidiennement confrontés au marché de la carte.
Les cartes appelées " semi-moderne " dans le jargon des collectionneurs, se font rares, elles ont dix ou vingt ans.

TELEPHONE INTERNET FAX ET CORRESPONDANCE POUR UNE COLLECTION INTERNATIONALE OU LES ECHANGES SONT FAVORISES

Dans tous les pays du monde, il y a des cartes créées en permanence par les grandes marques françaises ou étrangères.
Les collectionneurs de cartes peuvent élargir leur collection sans avoir à se déplacer dans le monde entier. Très vite ils peuvent établir des liaisons grâce aux divers clubs de collectionneurs qui se sont développés en Europe, aux Etats Unis et au Canada. Pour favoriser ainsi les échanges, nous publions pour la première fois un annuaire des personnes qui souhaitent correspondre pour des échanges.

REMERCIEMENTS

Je remercie tout particulièrement Monsieur Louis Bénazet pour son aide constante tout au long de la réalisation de cet ouvrage. Madame Josée Gérard et Monsieur Patrick Martin se sont séparés de leurs cartes anciennes pendant de longues semaines afin de pouvoir procéder à la réalisation des prises de vues, un grand sacrifice pour tout collectionneur. Je les en remercie chaleureusement.
Mes remerciements vont également vers Mesdames Eliane Davet, Elga Eberhart, Martine Maurice qui m'ont apporté leur concours pour la première partie du livre.
A l'occasion de la sortie de ce livre j'adresse toute ma sympathie à tous mes fidèles lecteurs et tous les collectionneurs qui m'encouragent et m'assurent sans cesse de leur plus grand soutien.

QUESTIONS-REPONSES

Comment appelle-t-on les collectionneurs de cartes parfumées ?
les olfcartophiles

Combien existe-t-il de cartes ?
Probablement autour de 25 000

Quel avenir peut on espérer pour cette collection ?
Le nombre de collectionneurs est croissant, les prix augmentent, ce qui pourrait freiner l'intérêt, mais il y a toujours les nouvelles cartes offertes ou vendues par des spécialistes 3 à 5 F à chaque lancement. C'est un sujet intarissable.

Combien existe-t-il de collectionneurs de cartes ?
Beaucoup moins que de collectionneurs d'échantillons mais beaucoup plus que de collectionneurs de flacons anciens. Cette collection est internationale plus que toutes les autres et l'augmentation des collectionneurs dans le monde devrait croître très rapidement .

Où se procurer des cartes ?
Chez les marchands spécialisés en objets de parfumerie ou sur les bourses d'échanges ou encore sur les marchés de brocante. Les contacts par correspondance sont les plus fréquents, et créent des liens d'amitié. Les grands magasins distribuent facilement des cartes, citons Le Printemps, Les Galeries Lafayette... également les boutiques Guerlain et les parfumeries. En revanche les grandes chaines de parfumeries ont leur tigette à leur enseigne qui ne sont pas cotées ici.

Comment classer les cartes ?
La collection ira dans des albums, le choix des albums n'est pas toujours facile à faire. Pour les doubles, un classement par marque, des cartes rangées verticalement dans des boites, permet d'accéder rapidement à ce que l'on désire. Suivant les goûts de chacun le tri pourra être fait par marque, par forme, par ancienneté...pour restreindre cette immense collection de plus en plus les collectionneurs se dirigent vers des marques spécifiques qui ont une production de cartes accélérée.

TITRES DEJA PARUS SUR LE SUJET

Cote générale
des cartes parfumées I

Cote générale
des cartes parfumées II

BENAZET Louis
32, allée Edouard Branly - 31400 TOULOUSE - France
Tél. (33) 06 03 85 20 22 ou (33) 05 62 27 62 92 HB
ACHAT VENTE ECHANGE - Cartes anciennes, semi-modernes - Marques recherchées : Moreau, Sebellem & Despiney, Daver, Rigaud, Plassard

BUREAU Monique
28, rue du Docteur Zamenhof - 49000 ANGERS - France
Tél. (33) 02 41 66 22 97
ACHAT VENTE ECHANGE - Cartes anciennes - Marques recherchées : Giraud, Rigaud, Grant, Delettrez, Berthuin et thème muguet

CELIS Martine
Savoyestraat 2 - 3000 LEUVEN - Belgique
Tél. 32 16 23 98 84 - E. Mail : mcelis@skynet.be
ECHANGE - Cartes modernes

DAVET Eliane
25, boulevard Arago - 75013 PARIS - France
Tél. (33) 01 45 35 95 20
ACHAT VENTE ECHANGE - Cartes anciennes, modernes, semi-modernes

DELHAYE Claire
Rue Albert 1er 8 - 7120 FAUROEULX - Belgique
ECHANGE - Cartes modernes

EBERHART Helga
Postfach 2167 - 77681 KEHL/Rhein - Allemagne
ACHAT VENTE ECHANGE - Cartes modernes, semi-modernes

GERARD Josée
28, route Nationale - 80115 QUERRIEU - France
Tél. (33) 03 22 40 13 23 - Fax. (33) 03 22 40 18 20
ACHAT VENTE ECHANGE - Cartes anciennes

GUIRAND Edwige
97, rue Olivier de Serres - 75015 PARIS - France
Tél. (33) 01 45 32 02 10 - E.Mail : eguiraud@free.fr
ACHAT VENTE ECHANGE - Carte anciennes, modernes, semi-modernes

MARTIN Patrick
113, avenue Victor Hugo - 92500 RUEIL MALMAISON - France
ACHAT VENTE ECHANGE - Cartes anciennes, modernes, semi-modernes Marques recherchées : Delettrez, Giraud, Viville, Daver, Lamotte

MAURICE Martine
BP 50 - 17310 SAINT PIERRE D'OLERON - France
Fax. (33) 05 46 75 09 80 -
E. Mail : martine.maurice@fnac.net
ACHAT VENTE ECHANGE - Cartes modernes, semi-modernes

MOULIERAC Madeleine
33330 SAINT EMILION - France
Tél. (33) 05 57 74 48 47
ACHAT - Cartes anciennes - Marques recherchées : Cheramy, Daver, Lubin, Molinard, L.T.Piver

RECKMAN Suzy
Rua Timoteo da Costa - 297 apt 1103
RIO DE JANEIRO - Cep 22450-130 - Brésil
Tél. 55 21 2741026 - Fax. 55 21 2740825
E. Mail : Suzy-Reckman@hotmail.com
ACHAT VENTE ECHANGE - Cartes anciennes, modernes, semi-modernes

THIRIFAYS Christian
343 bte 76 - rue Saint Gilles - 4000 LIEGE - Belgique
Tél. 00 32 4 2534492 - Fax 00 32 2 7611710
E. Mail : THIRIFAYS@CESI.be
ACHAT VENTE ECHANGE - Cartes anciennes, modernes, semi-modernes

VESSIERE Claudine
Mas du Vernhet - 12200 VILLEFRANCHE DE ROUERGUE - France
Tél. (33) 05 65 45 40 78 - Fax. (33) 05 65 45 66 70
ACHAT VENTE ECHANGE - Cartes anciennes, modernes, semi-modernes

PREMIÈRE PARTIE
CARTES ET SUPPORTS PARFUMÉS ANCIENS

INDEX DES MARQUES

Nom du parfumeur - Pages

- A L'IDEAL - **19**
- ANKARA - **19**
- ARDEN - **19**
- ARLAY - **19**
- ARMANT'S PERFUMES - **19**
- ARYS - **20**
- ATKINSON - **20**
- AUGUST (GILLES & Cie) - **20**
- AUZIERE - **20**
- BERDOUES - **20**
- BERTY - **21**
- BIETTE - **21**
- BLAMYS - **21**
- BOLDOOT - **21**
- BOOTS - **22**
- BORSARI - **22**
- BOTOT - **22**
- BOURJOIS - **22,23**
- BRECHER - **23**
- BUISSON FRERES - **23**
- BURLAND - **23**
- CARDINAL - **23**
- CELI - **23**
- CHAVE - **23**
- CHAVIGNEAU - **23**
- CHERAMY - **24**
- CLARIS - **24**
- CLEAVER'S - **25**
- CLERMONT ET FOUET - **25**
- CORBEILLE ROYALE - **25**
- CORYSE - **25**
- COSMYDOR - **25**
- COTE D'AZUR & PROVENCE - **25**
- COTTAN - **25**
- COTTANCE – BAGOT - **25**
- COTY - **25**
- COUDRAY - **26**
- CROWN PERFUMERY - **26**
- D'AVRAY (ROBERT) - **26**
- D'ŒUVRE - **29**
- D'ORSAY - **26,27**
- DANA - **27**
- DAVER - **28**
- DE JUSSY - **28**
- DE LUZY - **28**
- DELAVELLE - **28**
- DELETTREZ - **28,29**
- DESRUE-LARENE - **29**
- DHERIS - **29**
- DRECOLL - **29**
- DUC (GEORGES) - **29**
- EECKLAERS (L.) - **29**
- ELDA - **29**
- ERIZMA - **30**
- EUZIERE - **30**
- FAY (CH.) - **30**
- FLOREA - **30**
- FLOREINE - **30**
- FONT y Cie -
- FONTANELLA -
- FONTANIS - **30**
- FRAGONARD - **30**
- FRANVAL - **31**
- FUNEL - **31**
- GABILLA - **31**
- GARDET - **31**
- GELLE (FRERES) - **31,32**
- GERDYL - **32**
- GERVAIS (JEAN) - **32**
- GHIEM - **32**
- GHISLAINE - **32**
- GHYSKA - **32**
- GILOT - **32**
- GIRAUD - **33**
- GIVIENNE - **33**
- GODET - **33**
- GOODWINS -
- GRANT (Ch.) - **34**
- GRAVIER - **34**
- GRENOVILLE - **34**
- GRIMOMPREZ (F.) - **34**
- GROSSMITH & Son - **34,35**
- GUELDY - **35**
- GVIDOR - **35**
- HOUBIGANT - **35**
- HOYT'S - **35**
- IBSA - **35**
- ISABEY - **35**
- JUPER - **36**
- KERKOFF - **36**
- L.I.F. -
- L'INITIALE - **36**
- LA DIAPHANE - **36**
- LA FLORIDA - **36**
- LA PERLE - **36**
- LA SAGE FEMME - **36**
- LABROSSE-BARIGNY -
- LAMOTTE - **36**
- LANASPEZE - **36**
- LANCOME - **37**
- LASEGUE - **37**
- LAURENT - **37**
- LE MEULNIER -
- LEFEUVRE & FILS - **37**
- LEGRAIN - **37**
- LELONG (L.) - **37**
- LEMESRE (E.) -
- LEMOINE (G.) - **38**
- LENTHERIC - **38**
- LES PARFUMS DE ROSINE - **38**
- LESOURD - **38**
- LESQUENDIEU - **38**
- LEVER (Frères) - **38**
- LOHSE (GUSTAVE) - **38**
- LORENZY PALANCA - **39**
- LUBIN - **39,40**
- LUGDOR - **40**
- LUYNA - **40**
- MALACEINE - **40,41**
- MANGY'S -
- MARIN (JEAN) - **41**
- MARQUAY - **41**
- MAUBERT - **41**
- MICHAUD - **41**
- MILLOT - **41**
- MISCA -
- MOLINARD - **42**
- MON REVE - **42**

• MONPELAS - **42**
• MONTERNIER - **42**
• MOREAU - **43**
• MORNY - **43**
• MOUILLERON - **43**
• MURAOUR - **43**
• MURY - **43**
• NELOMBO - **44**
• NEOS - **44**
• NESTLY - **44**
• NICE FLORE - **44**
• ORIZA LEGRAND - **44,45**
• PALAIS DES PARFUMS - **45**
• PARERA - **45**
• PARFUMERIE DES FLEURS DU MIDI -
• PARFUMERIE DES PRINCES - **45**
• PARFUMERIE DU LION -
• PARFUMERIE SAINT GERMAIN - **45**
• PAYAN (H.) - **45**
• PEROT - **46**
• PEYRONNET - **46**
• PINAUD - **46**
• PIVER (L.T.) - **46,47**
• PLASSARD - **47**
• PRUDHOMME - **47**
• RAMSES - **48**
• RIGAUD - **48**
• RIMMEL (E.) - **48**
• RODOLL - **48**
• ROJA FLORE - **49**
• ROSEA - **49**
• ROUDERGUES - **49**
• ROUSSET (A.) - **49**
• ROUX (E.) - **49**
• ROZY - **49**
• SAINPRIX - **49**
• SALANCY - **50**
• SALOMON (G.) - **50**
• SANKARA - **50**
• SAUMON - **50**
• SAUZE Frères - **50,51**
• SAVONNERIE DES FLEURS - **51**
• SCHIAPARELLI - **51**
• SEDA - **51**
• SHYB - **51**
• SIDENET - **51**
• SIMON - **51**
• SIMY - **52**
• S.N.O. - **52**
• ST HUBERT - **52**
• THIERRY (SUZANNE) - **52**
• THOMAS-GUINAMAND -
• TRANOY (P.) - **52**
• VACHON-BAVOUX - **52**
• VAISSIER (V.) - **53**
• VERLY - **53**
• VIADOR - **53**
• VIBERT - **53**
• VIGNY - **53**
• VIOLET - **54**
• VIVAUDOU - **55**
• VIVILLE - **55**
• WORTH - **55**
• ZENOBIA - **55**

Correspondance des valeurs en francs

A - 30 à 50 F
B - 50 à 100 F
C - 100 à 150 F
D - 150 à 200 F
E - 250 à 300 F
F - 300 à 400 F
G - 400 à 500 F
H - 500 à 600 F
I - 600 à 700 F
J - 700 à 800 F
K - 800 à 900 F
L - 900 à 1000 F
M - 1000 F et plus

Correspondance des valeurs en euros

A - 4,57 à 7,62 €
B - 7,62 à 15,24 €
C - 15,24 à 22,87 €
D - 22,87 à 30,49 €
E - 30,49 à 45,73 €
F - 45,73 à 60,98 €
G - 60,98 à 76,22 €
H - 76,22 à 91,47 €
I - 91,47 à 106,71 €
J - 106,71 à 121,96 €
K - 121,96 à 137,20 €
L - 137,20 à 152,45 €
M - 152,45 € et plus

A1 - D

A2 - E

A3 - B

A4 - A

A5 - B

A6 - A

A7 - A

A9 - A

A8 - B

A10 - F

A11 - F

A12 - C

Correspondance des valeurs

- **A** - 30 à 50 F
- **B** - 50 à 100 F
- **C** - 100 à 150 F
- **D** - 150 à 200 F
- **E** - 250 à 300 F
- **F** - 300 à 400 F
- **G** - 400 à 500 F
- **H** - 500 à 600 F
- **I** - 600 à 700 F
- **J** - 700 à 800 F
- **K** - 800 à 900 F
- **L** - 900 à 1000 F
- **M** - 1000 F et plus

A13 - E

A14 - F

A15 - D

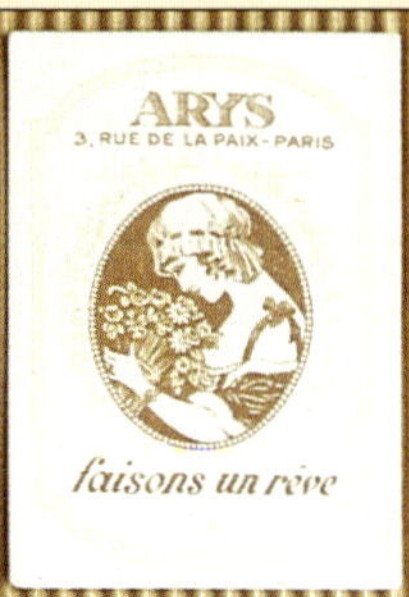

A16 - D

A17 - D

A18 - F

A19 - B

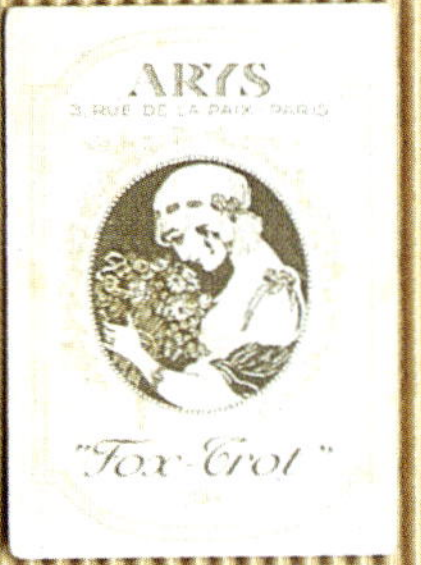

A20 - D

A21 - F

A22 - E

A23 - A

A24 - A

A25 - A

A26 - F

A27 - F

A28 - A

A29 - D

A30 - D

A31 - E

A32 - 1909 E

A33 - E

A34 - B

A35 - 1910 G

A36 - D

A37 - D

A40 - 1923 D

A38 - D

↓A39 - H

←A41 - B

↑A42 - B

A46 - E

A43 - D

A44 - D

A45 - D

Correspondance des valeurs

A - 30 à 50 F
B - 50 à 100 F
C - 100 à 150 F
D - 150 à 200 F
E - 250 à 300 F
F - 300 à 400 F
G - 400 à 500 F
H - 500 à 600 F

PARFUM
NIRVANA
Madame Girard & Cie Ltd. Regent St. London.
A47 - E
Real Devonshire Violets
Prepared only by
Boots The Chemists
Successors to the Original Vendor
J. Young. Chemist. Torquay.
A48 - E
Violetta di Parma
con L. Borsari & Fi Parma
A49 - G
1915
CORRIERE
MONDOVÌ-TORINO
BORSARI & C.
1915
PARMA
LE MUSE
A51 - 1915 carnet J
COLONIA
CIPRIA
CREMA
ELLADOR
CAV. L. BORSARI E FIGLI - PARMA
A50 - F
Il mio Sogno
A52 - F →
A53 - K →
FIANCÉE
BOURJOIS
Ashes of Violets
Perfume
Face Powder
Compact
Vanishing Cream
Lip Stick
Bath Powder
Crystals
Talc Powder
Eau de Cologne
Soap
BOURJOIS
PARIS
FRANCE
A55 - G
BOTOT
10, Rue de la Paix, PARIS
A54 - M →
A57bis - J →
A58 - M ↓
A56 - 1924 G
Bouquet
Manon Lescaut
A. Bourjois & Cie
PARIS
Le Parfum
Marguerite Carré
A. Bourjois & Cie
PARIS
Parfum
La
Rose Pompon
A. Bourjois & Cie
Paris
Ashes of Roses
Perfume
Face Powder
Compact
Vanishing Cream
Lip Stick
Bath Powder
Crystals
Talc Powder
Eau de Cologne
Soap
BOURJOIS
PARIS
FRANCE
← A57 - L
A59 - L ↓
A60 - C ↘
PARFUM
Bucolys
A. BOURJOIS & Cie
Paris
Parfumerie A. BOURJOIS & Cie
60, 62, Rue d'Hauteville, Paris
POUDRE & CRÈME DE JAVA
Extraits, Poudres, Savons, Brillantines,
Rose rêvée, Muguet rêvé, Violette rêvée, etc. — Série Senteurs.
GROS: Paul PIÉRARD, 45, rue du Canal.

A61 - 1967 B

A62 - A

A63 - A

A64 - A

A65 - A

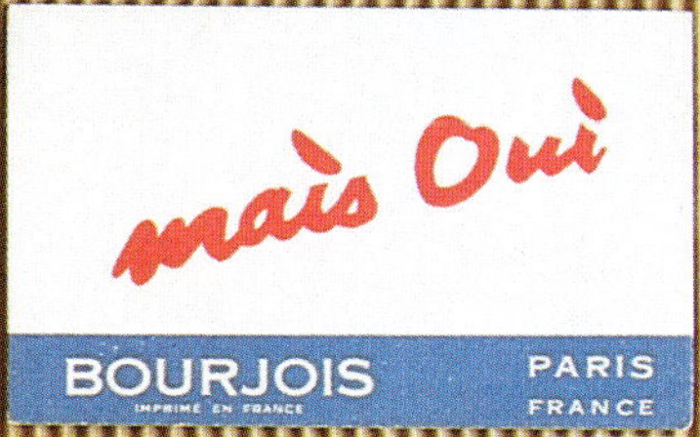

A66 - A

A67 - G

A68 - K

A69 - A

A70 - E

↑A71 - F

A73 - D

A74 - J

A72 - B

↓A75 - E

A76 - E

- **A** - 30 à 50 F
- **B** - 50 à 100 F
- **C** - 100 à 150 F
- **D** - 150 à 200 F
- **E** - 250 à 300 F
- **F** - 300 à 400 F
- **G** - 400 à 500 F
- **J** - 700 à 800 F
- **K** - 800 à 900 F
- **L** - 900 à 1000 F
- **M** - 1000 F et plus

A77 - 1925 📖 E

A78 - 1938 📖 C

A79 - 1939 📖 B

A80 - 1939 📖 B

A81 - 1940 📖 C

A82 - 1940 📖 B

A83 - 1952 📖 B

A84 - 1953 📖 B

A86 - 1955 📖 B

A85 - 1965 📖 B

A87 - D

A91 - F

A92 - E

A88 - B

A89 - B

A90 - D

A102 - 1910 E

A103 - 1948 E

A104 - C

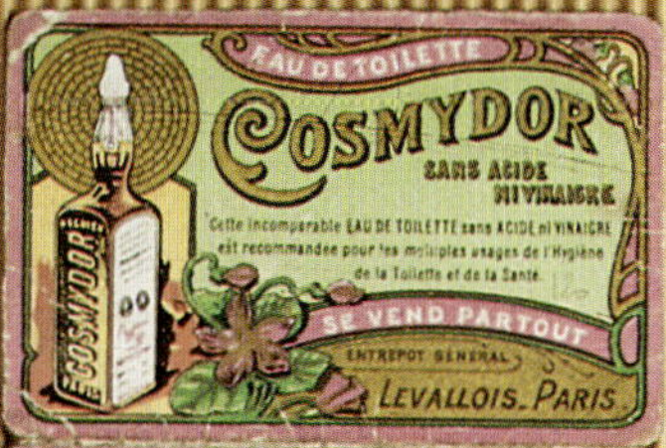

A106 - E

A105 - 1902 📖 G

A109 - 📖 E

A110 - 📖 E

A107 - G

A108 - G

A113 - C

A111 - H

A112 - F

Correspondance des valeurs

- **A** - 30 à 50 F
- **B** - 50 à 100 F
- **C** - 100 à 150 F
- **D** - 150 à 200 F
- **E** - 250 à 300 F
- **F** - 300 à 400 F
- **G** - 400 à 500 F
- **H** - 500 à 600 F
- **I** - 600 à 700 F
- **J** - 700 à 800 F
- **K** - 800 à 900 F
- **L** - 900 à 1000 F
- **M** - 1000 F et plus

A114 - C

A115 - C

A116 - C

A117 - C

A118 - D

A119 - D

A120 - 1920 E

A121 - D

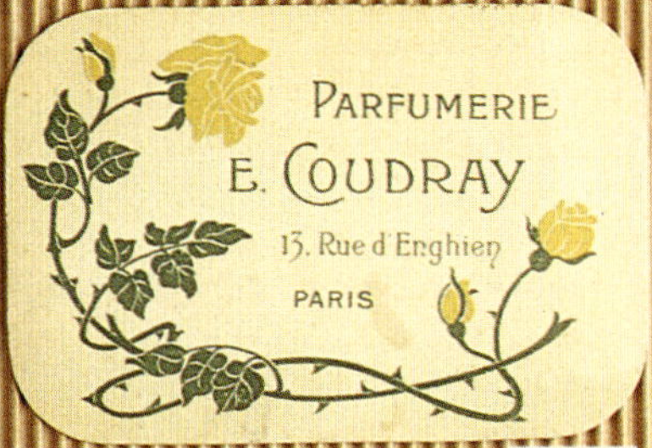

A122 - J

A123 - K

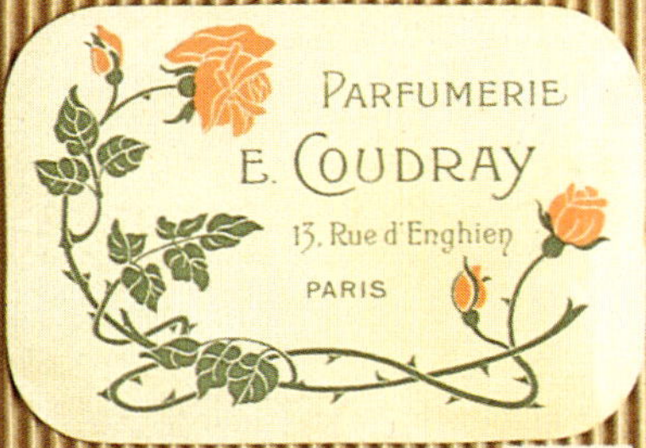

A124 - J

A125 - F

A126 - C

←A127 - 📖 G

A128 - E →

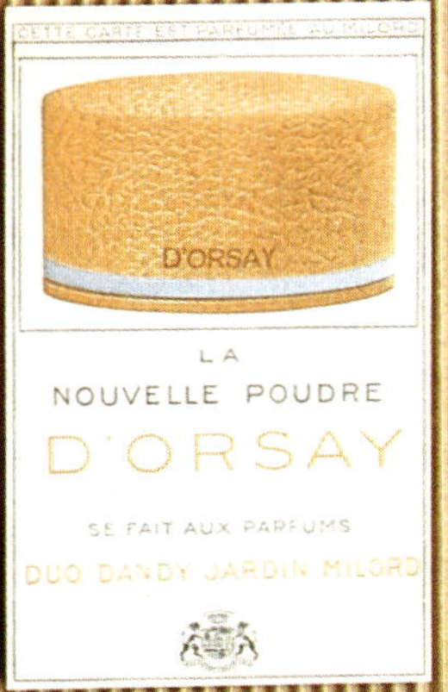

A129 - E →

A130 - E

A131 - E

A132 - E

A133 - E

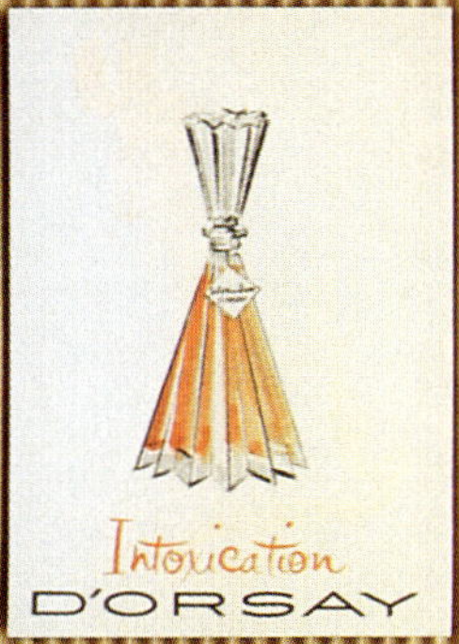

A134 - F

A135 - F

A136 - F

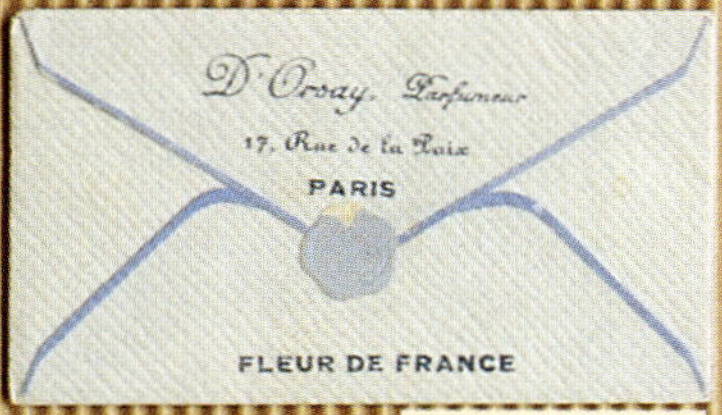

A137 - enveloppe D

A138 - D

A139 - enveloppe D

A140 - A

A141 - D

A142 - A

Correspondance des valeurs

- **A** - 30 à 50 F
- **B** - 50 à 100 F
- **C** - 100 à 150 F
- **D** - 150 à 200 F
- **E** - 250 à 300 F
- **F** - 300 à 400 F
- **G** - 400 à 500 F
- **H** - 500 à 600 F
- **I** - 600 à 700 F
- **J** - 700 à 800 F
- **K** - 800 à 900 F
- **L** - 900 à 1000 F
- **M** - 1000 F et plus

A143 - F

A144 - F

A145 - M

A147 - K

A148 - D

A146 - D

A149 - K

A152 - F

A150 - C

A151 - B

A153 - F ➔

A156 - F

A157 - F

A154 - M

A155 - G

A158 - D ➔

A159 - M

A160 - F

A161 - H

A162 - M

A163 - G

A164 - C

A165 - L

A168 - D

A166 - B

A167 - D

A169 - D

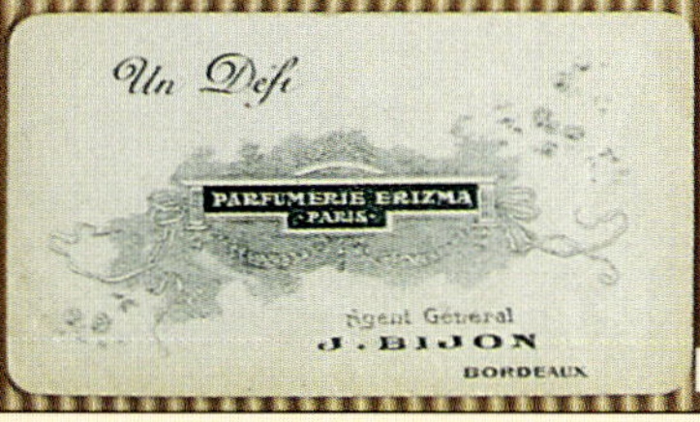

A170 - D

A171 - G

B - 50 à 100 F
C - 100 à 150 F
D - 150 à 200 F
E - 250 à 300 F
F - 300 à 400 F
G - 400 à 500 F
H - 500 à 600 F
J - 700 à 800 F
K - 800 à 900 F
L - 900 à 1000 F
M - 1000 F et plus

A172 - G

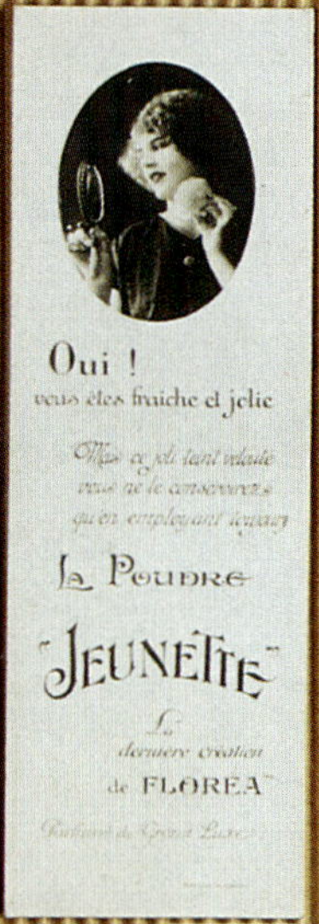

A176 - E

A174 - I

A173 - F

A177 - E

A175 - C

A178 - G

A181 - B

A180 - K

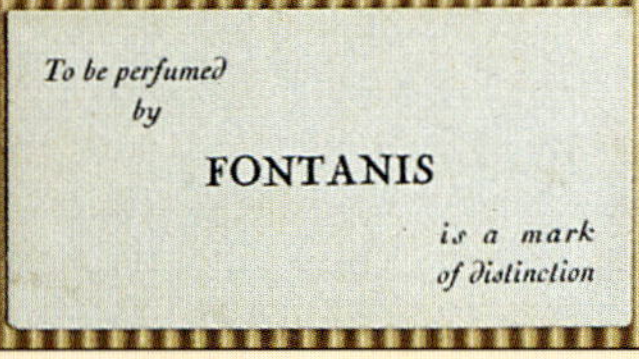

A179 - C

A182 - C

A183 - enveloppe F

A184 - F

A185 - E

A187 - C

A186 - E

A189 - F

A188 - E

A190 - 1903 carnet M

A192 - L

A191 - 1875 📖 M

A193 - K

A194 - L

Correspondance des valeurs

- **B** - 50 à 100 F
- **C** - 100 à 150 F
- **D** - 150 à 200 F
- **E** - 250 à 300 F
- **F** - 300 à 400 F
- **G** - 400 à 500 F
- **I** - 600 à 700 F
- **J** - 700 à 800 F
- **K** - 800 à 900 F
- **L** - 900 à 1000 F
- **M** - 1000 F et plus

A195 - G
A196 - G
A197 - 1909 F
A198 - 1909 G
A199 - I
A200 - 1907 H
A201 - E
A202 - E
A203 - H
A204 - I
A205 - C
A206 - E
A207 - B
A208 - E
A209 - G
A210 - I

A211 - L

A212 - M

A213 - 1905 L

A214 - H

A217 - E

A218 - E

A216 - D

A219 - F

A220 - D

A221 - G

A222 - G

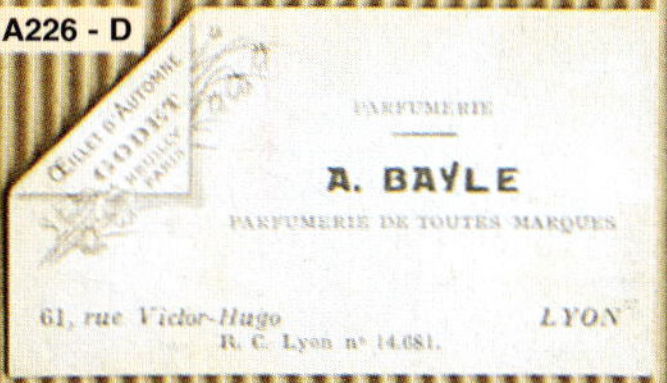

A226 - D

A223 - D

A225 - 1917 D

A224 - D

- **A** - 30 à 50 F
- **B** - 50 à 100 F
- **C** - 100 à 150 F
- **D** - 150 à 200 F
- **E** - 250 à 300 F
- **F** - 300 à 400 F
- **G** - 400 à 500 F
- **H** - 500 à 600 F
- **I** - 600 à 700 F
- **L** - 900 à 1000 F
- **M** - 1000 F et plus

A227 - E
A228 - K
A229 - E
A230 - H
A231 - F
A232 - E
A233 - F
A234 - I
A235 - E
A236 - E
A237 - G
A238 - 1922 G
A239 - D
A240 - G
A241 - F
A242 - H

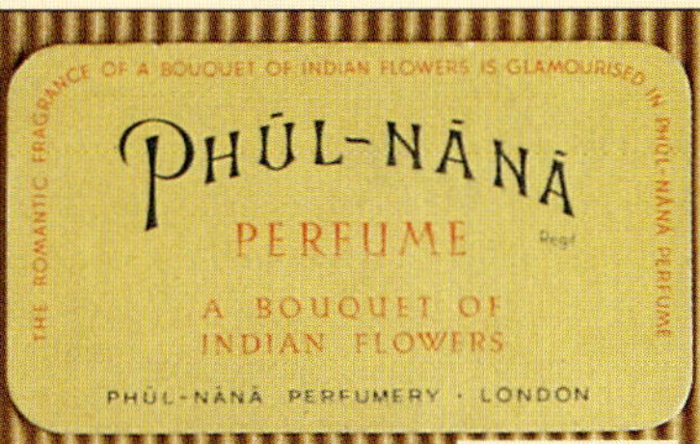

A243 - 1949 E

A244 - G

A245 - E

A246 - E

A247 - D

A248 - B

A249 - G

A250 - C

A251 - B

A255 - B

A252 - E

A253 - B

A254 - I

A256 - B

A - 30 à 50 F
B - 50 à 100 F
C - 100 à 150 F
D - 150 à 200 F
E - 250 à 300 F
F - 300 à 400 F
G - 400 à 500 F
H - 500 à 600 F
I - 600 à 700 F
J - 700 à 800 F
K - 800 à 900 F

A257 - D

A258 - 1900 F

A259 - J

A260 - 1906 H

A261 - F

A262 - K

A263 - 1940 📖 E

A264 - C

A265 - 1916 F

A266 - K

A267 - D

A268 - C

A269 - C

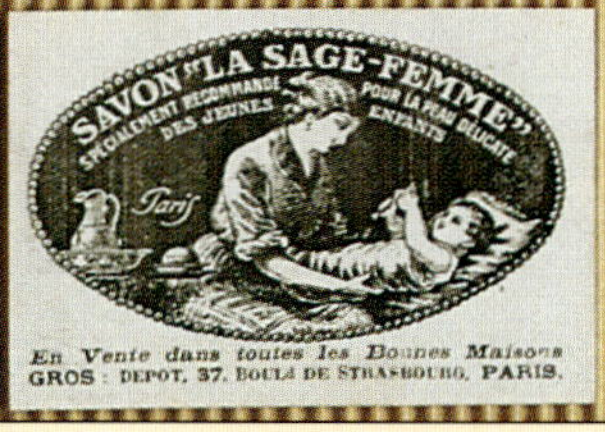

A270 - 1924/1925 F

↑A271 - F

A272 - 1937 D

A273 - 1936 D

A274 - D

A275 - B

A277 - D

A276 - M

A278 - G

A279 - E

A280 - G

A279bis - B

A281 - D

B - 50 à 100 F
C - 100 à 150 F
D - 150 à 200 F
E - 250 à 300 F
F - 300 à 400 F
G - 400 à 500 F
H - 500 à 600 F
J - 700 à 800 F
K - 800 à 900 F
L - 900 à 1000 F
M - 1000 F et plus

A282 -D↑

A283 - D

A284 - 🕮 G

A286 - F

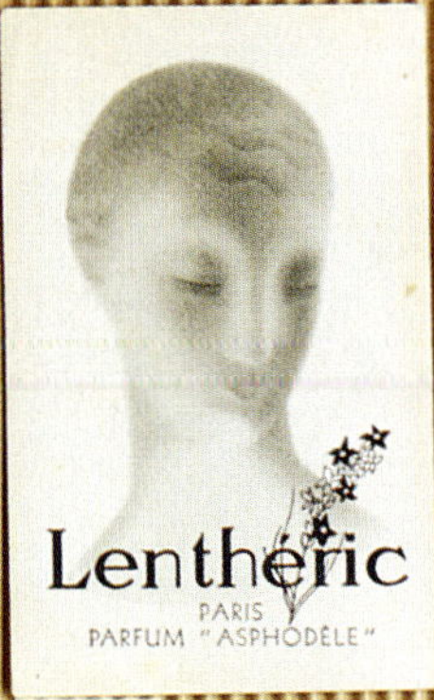

A287 - F

A288 - 🕮 G

A285 - D

A289 - B

A292 - F

←A291 - J

A290 - A

A293 - A

A294 - A

A295 - 1913 A

A297 - A

A298 - C

A296 - A

A299 - A

A300 - B

A301 - B

A302 - B

A303 - B

A304 - M

A306 - E

A307 - G

↓A305 - G

A308 - E

↓A309 - H

↓A310 - G

A312 - M

A313 - E

A311 - L

A314 - L

A315 - L

A316 - L

A317 - L

A318 - L

A - 30 à 50 F
B - 50 à 100 F
C - 100 à 150 F
D - 150 à 200 F
E - 250 à 300 F
F - 300 à 400 F
G - 400 à 500 F
H - 500 à 600 F
I - 600 à 700 F
J - 700 à 800 F
K - 800 à 900 F
L - 900 à 1000 F
M - 1000 F et plus

A319 - E

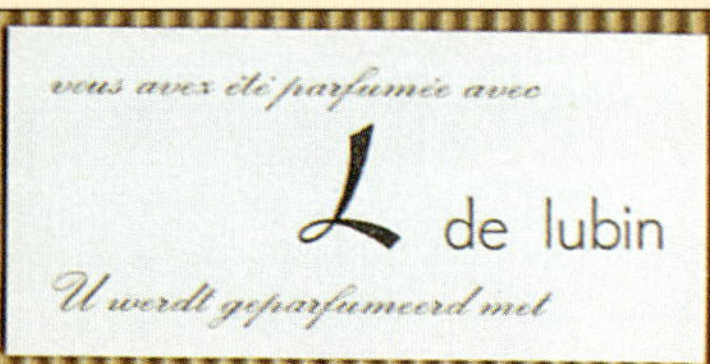

A320 - B

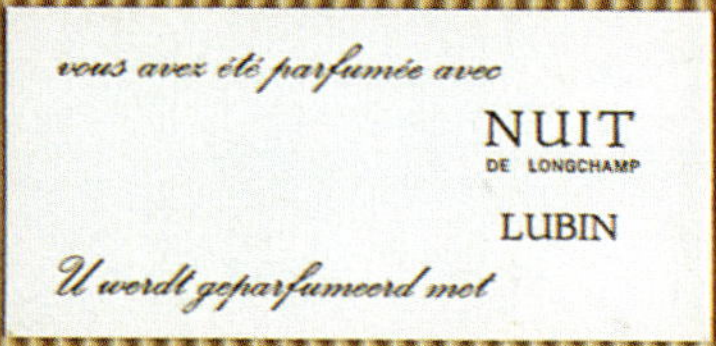

A321 - B

A322 - D

A323 - F

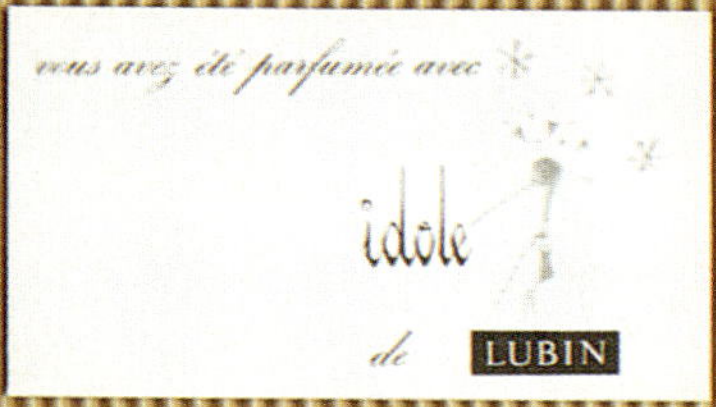

A324 - B

A325 - F

A327 - B

A329 - I →

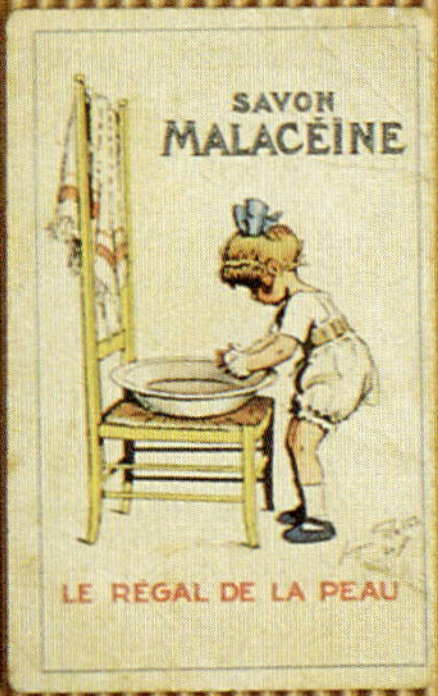

A326 - D

↑A328 - D

↓A333 - H

↑A331 - K

↓A330 - H

← A332 - I

A334 - E

A335 - B

A336 - F

A337 - G

A338 - E

A339 - E

A340 - G

A343 - G

A341 - G

A342 - J

A344 - J

A345 - 1910 G

B - 50 à 100 F
C - 100 à 150 F
D - 150 à 200 F
E - 250 à 300 F
F - 300 à 400 F
G - 400 à 500 F
H - 500 à 600 F
I - 600 à 700 F
J - 700 à 800 F
K - 800 à 900 F
L - 900 à 1000 F

A346 - B

A347 - B

A348 - C→

A349 - B

←A350 - G

A351 - E→

A353 - C

↑A354 - 1905 J

A355 - C

A352 - D

↑A356 - C

A357 - G

A360 - B

A358 - C

A359 - E

A361 - L

A362 - J

A363 - J

A364 - K

A365 - F

A366 - D

A367 - E

A369 - F

A368 - D

A373 - D

A370 - D

A371 - K

A372 - D

Correspondance des valeurs

- **B** - 50 à 100 F
- **C** - 100 à 150 F
- **D** - 150 à 200 F
- **E** - 250 à 300 F
- **F** - 300 à 400 F
- **G** - 400 à 500 F
- **H** - 500 à 600 F
- **I** - 600 à 700 F
- **J** - 700 à 800 F
- **K** - 800 à 900 F
- **L** - 900 à 1000 F

les parfums de SANGY'S paris
Etab. MAURIN & NIQUET
25, quai Noël Guignon SÈTE HÉRAULT
A374 - G
CHYPRE DE NELOMBO PARIS
POIS DE SENTEUR
EN CROISIÈRE
CALLIOPSIS
GARDÉNIA
FOUGÈRE
A375 - 1932 E
A376 - E
VIOLETTES DE NICE
Parfumerie NÉOS
NICE (FRANCE)
Frisson de Volupté
NESTLY PARIS
A378 - J
Mousse Parfumée
NESTLY PARIS
A379 - J
Rose de Jéricho
NESTLY Paris
A377 - G
LARMES DE FLEURS
NESTLY PARIS
A380 - F
LIBANIA
NESTLY PARIS
A381 - F
LA PERLE DE NICE
Nestly Paris
A384 - G
A382 - D
Parfumée à "DIVINE CHANSON"
LES PARFUMS DE NICE-FLORE
Usine et Bureaux à NICE, 54, Route du Var
Cette carte est parfumée à "JARDIN EN FÊTE"
LES PARFUMS DE NICE-FLORE
A383 - C
A387 - H
A385 - H
PARFUM
ZELMIS
L. LEGRAND
PARIS
A386 - K
PARFUM
"CONVOITISE"
Dernière Création
de
L. Legrand
11, Place de la Madeleine, 11 Paris.
Carte Parfumée au PARFUM "CONVOITISE"
PARFUM
ŒILLET ROUGE
ORIZA - L. LEGRAND
PARIS (France)

A388 - G
A389 - G
A390 - D
A391 - F
A392 - G
A393 - F
A394 - J
A395 - J
A396 - E
A397 - C
A398 - D
A399 - 1909 📖 E
A400 - C
A401 - D
A402 - K
A403 - H

- **A** - 30 à 50 F
- **B** - 50 à 100 F
- **C** - 100 à 150 F
- **D** - 150 à 200 F
- **E** - 250 à 300 F
- **F** - 300 à 400 F
- **G** - 400 à 500 F
- **H** - 500 à 600 F
- **I** - 600 à 700 F
- **J** - 700 à 800 F
- **K** - 800 à 900 F
- **L** - 900 à 1000 F
- **M** - 1000 F et plus

A404 - C

A405 - C

A406 - C

A407 - C

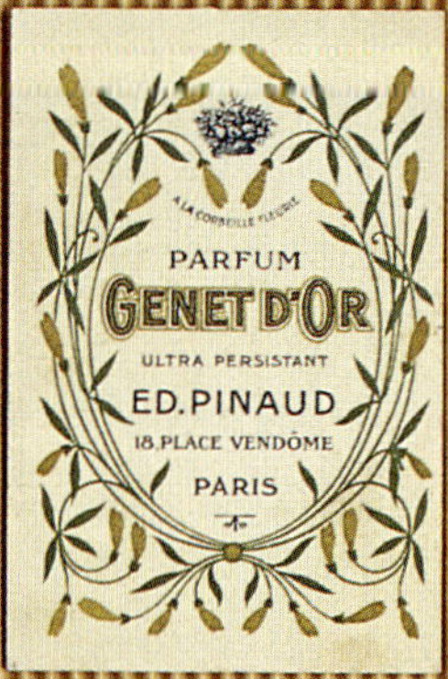

A409 - 1905 G

A408 - H

A411 - 1926 K

A410 - F

A412 - 1937 F

A414 - 1921 I

A413 - 1907/1908 📖 K

A417 - E

A415 - 📖 A

A416 - 1959 📖 A

A418 - 1959 📖 A

A419 - 1966 📖 A

A420 - F

A421 - F

A422 - G

A423 - E

A426 - E

A425 - E

A424 - K

A429 - M

A427 - K

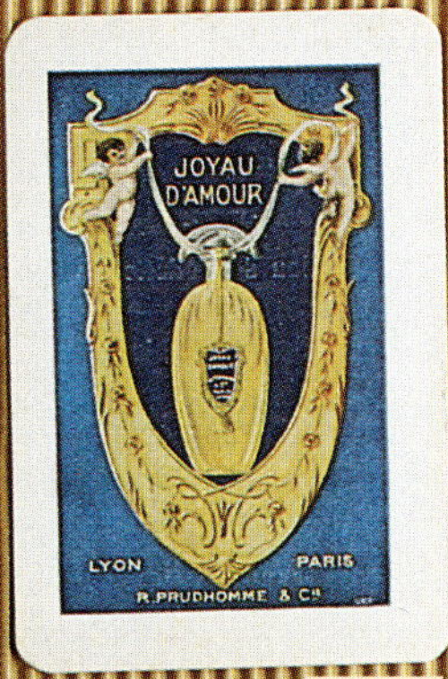

A428 - L

A430 - L

A431 - L

A - 30 à 50 F
B - 50 à 100 F
C - 100 à 150 F
D - 150 à 200 F
E - 250 à 300 F
F - 300 à 400 F
G - 400 à 500 F
H - 500 à 600 F
I - 600 à 700 F
J - 700 à 800 F
K - 800 à 900 F
L - 900 à 1000 F
M - 1000 F et plus

FEERIE
RIGAUD
A432 - K
Dernière Création de RAMSÈS Caire (Egypte)
PARFUM EXTRA ENIVRANT
Folie d'Opium
En vente dans les Grands Magasins & Parfumeries
A433 - L
RIGAUD PARIS
A434 - E
UN AIR EMBAUMÉ
RIGAUD
A435 - F
Rigaud Paris
A436 - I
PARADE
NOUVEAU PARFUM DE
RIGAUD
A437 - J
Téméraire
RIGAUD
PARIS
A438 - F
Téméraire
RIGAUD
PARIS
A439 - F
HAIR OIL, PERFUME, LOTION
HAIR OIL, FACE POWDER, BRILLANTINE, PERFUME
Jasmina
RIGAUD
PARIS FRANCE
PERFUME, LOTION, HAIR OIL
A440 - J
HAIR OIL, PERFUME, LOTION
HAIR OIL, FACE POWDER, BRILLANTINE, PERFUME
Altesse
RIGAUD
PARIS FRANCE
PERFUME, LOTION, HAIR OIL
A441 - J
HE IS PRETTY
because he washes himself with
RODOLL SOAP
SAVON RODOLL
A442 - C
un air embaumé
RIGAUD
PARIS
A443 - H
PARFUM ROSE
E. RIMMEL, LTD
LONDON - PARIS
A444 - H
Sweet Pea
E. RIMMEL LTD
LONDON
PARIS
A445 - H
PARFUM
ROYAL SHAMROCK
E. RIMMEL LTD.
LONDON - PARIS
A446 - I
Esta bonito porque le lavo con el
JABON RODOLL
A447 - C

A448 - A

A451 - A

A449 - E

A450 - A

A452 - E

A453 - D

A454 - F

A455 - C

A456 - E

A457 - D

A458 - D

A459 - G

A460 - G

A461 - G

Correspondance des valeurs

- **A** - 30 à 50 F
- **B** - 50 à 100 F
- **C** - 100 à 150 F
- **D** - 150 à 200 F
- **E** - 250 à 300 F
- **F** - 300 à 400 F
- **G** - 400 à 500 F
- **H** - 500 à 600 F
- **I** - 600 à 700 F
- **J** - 700 à 800 F
- **K** - 800 à 900 F
- **L** - 900 à 1000 F
- **M** - 1000 F et plus

A462 - E

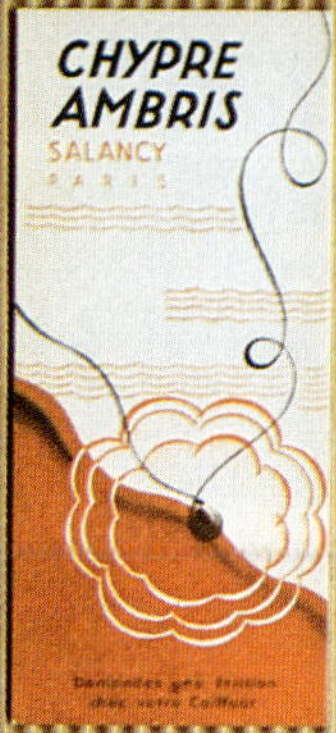

A463 - E

A464 - E

A465 - E

A466 - F

A467 - F

A468 - E

A469 - F

A470 - F

A471 - F

A472 - F

A473 - D

A474 - D

A475 - E

A476 - E

A477 - G

A478 - F

A479 - D

A480 - E

A481 - D

A482 - L

A485 - E

A486 - D

A483 - E

A488 - B

A487 - F

A484 - 📖 F

A489 - B

A490 - F

Correspondance des valeurs

B - 50 à 100 F
D - 150 à 200 F
E - 250 à 300 F
F - 300 à 400 F
G - 400 à 500 F
L - 900 à 1000 F

A491 - E

A492 - D

A493 - C

A494 - C

A495 - C

A496 - 1909 H

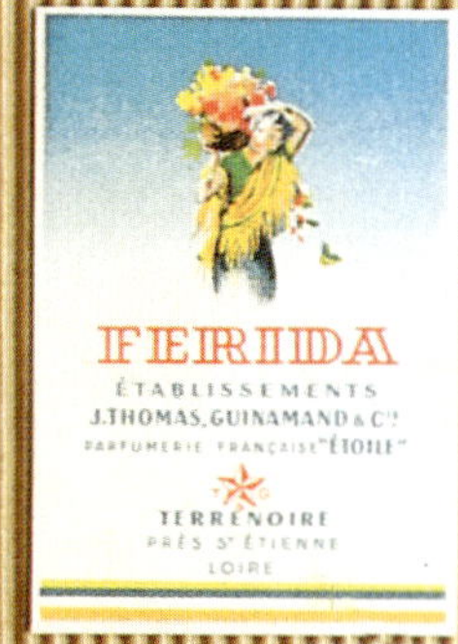

A497 - D

A498 - 1911 F

A499 - 1922 D

A500 - 1936 E

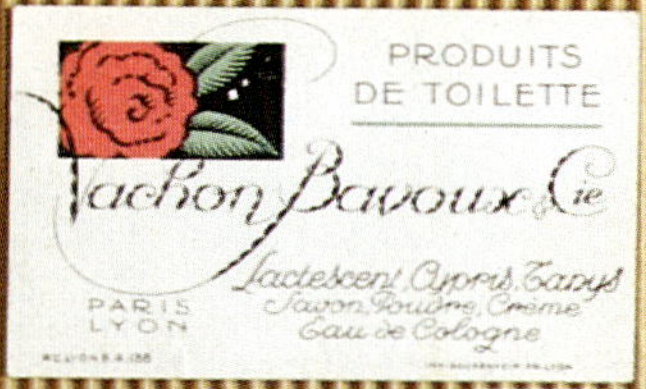

A501 - D

A502 - 1910 F

A503 - I

A504 - K

A505 - E

A506 - 1909 G

A507 - E

A509 - F

A508 - C

A511 - E

←A510 - E

A512 - H

A514 - K

A513 - K

A515 - D

A516 - E

A517 - D

A518 - H

A519 - E

Correspondance des valeurs

C - 100 à 150 F
D - 150 à 200 F
E - 250 à 300 F
F - 300 à 400 F
G - 400 à 500 F
H - 500 à 600 F
I - 600 à 700 F
J - 700 à 800 F
K - 800 à 900 F

A520 - D
A521 - D
A522 - D
A523 - D
A524 - D
A525 - D
A526 - D
A527 - D
A528 - E
A529 - D
A530 - D
A531 - D
A532 - D
A533 - C
A534 - D
A535 - D
A536 - D
A537 - D
A538 - 1958 📖 C

A539 - H

A541 - G

A542 - 1911 H

A545 - J

A544 - E

A543 - H

A546 - E

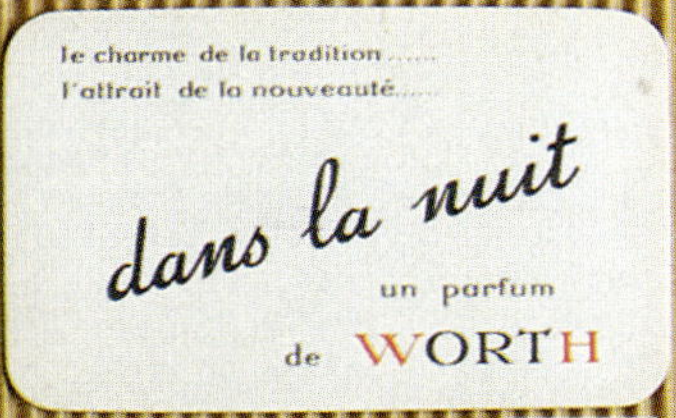

A548 - D

↑A547 - F

A549 - G

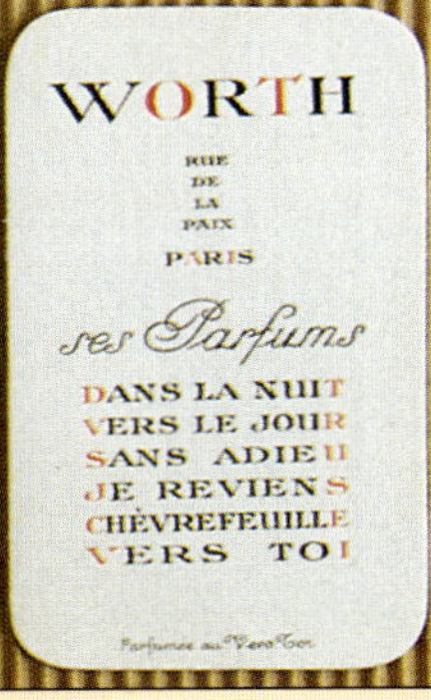

A550 - G

A - 30 à 50 F
B - 50 à 100 F
C - 100 à 150 F
D - 150 à 200 F
E - 250 à 300 F
F - 300 à 400 F
G - 400 à 500 F
H - 500 à 600 F
I - 600 à 700 F
J - 700 à 800 F
K - 800 à 900 F
L - 900 à 1000 F
M - 1000 F et plus

A551 - C

A552 - C

A553 - D

A554 - C

A555 - 1926 C

A556 - C

A557 - C

A558 - 1926 C

Correspondance des valeurs

C - 100 à 150 F
D - 150 à 200 F

A559 - D

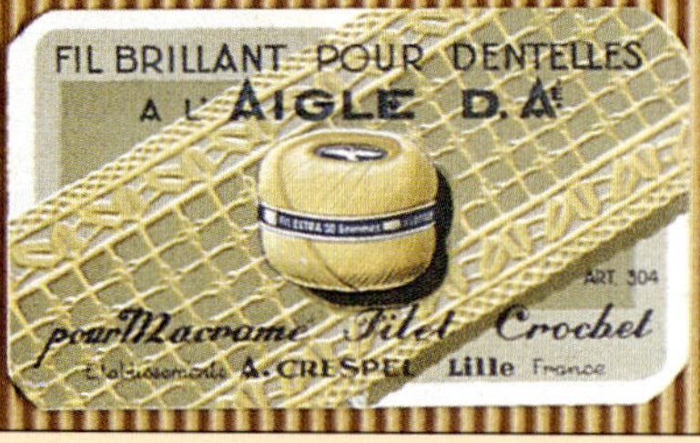

A560 - C

DEUXIÈME PARTIE
CARTES ET SUPPORTS PARFUMÉS MODERNES

INDEX DES MARQUES

Nom du parfumeur - Pages

• ACQUA DI PARMA - **59**
• ADIDAS - **59**
• AIGNER (ETIENNE) - **59**
• ALYOSR* - **59**
• ARAMIS - **60**
• ARDEN (ELIZABETH) - **60,61**
• ARIZONA - **61**
• ARMANI (GIORGIO) - **62 à 64**
• AROMATHERAPY FRAGRANCE - **64**
• AZZARO (LORIS) - **64**
• BACCARAT - **64**
• BANANA REPUBLIC - **64**
• BARCLAY (BETTY) - **65**
• BASI (ARMAND) - **65**
• BATH & BODY WORKS - **65**
• BEVERLY HILLS (GALE HAYMAN) - **65**
• BEVERLY HILLS (GIORGIO) - **65,66**
• BIAGIOTTI (LAURA) - **66**
• BIJAN - **66**
• BIOTHERM - **66**
• BLASS (BILL) - **67**
• BOCARDI (LINA) - **67**
• BODY SHOP - **67**
• BOGART (JACQUES) - **67**
• BOND (JAMES) - **67**
• BORGHESE - **67**
• BOSS (HUGO) - **67,68**
• BOUCHARA (GUY) - **69**
• BOUCHERON - **69**
• BOURJOIS - **69**
• BRIGHTON - **70**
• BULGARI - **70**
• BURANI (MARIELLA) - **71**
• BURBERRYS - **71**
• BYBLOS - **71**
• CACHAREL - **71**
• CANTUEL (GILLES) - **71**
• CARDIN (PIERRE) - **71**
• CARON - **71**
• CARTIER - **72,73**
• CASANOVA - **74**
• CERRUTI - **74,75**
• CHANEL - **76 à 80**
• CHAUMET - **81**
• CHIEMSEE* - **81**
• CHOPARD - **81**
• CHYPRON (PARFUMS) - **81**
• CLAIBORNE (LISE) - **81**
• CLAIRE (PARFUMS) - **82**
• CLARINS - **82**
• CLINIQUE - **82,83**
• COTY - **83**
• COURREGES - **83**
• CRABTREE - **83**
• DALI (SALVADOR) - **83**
• DANA - **84**
• DAVIDOFF - **84**
• DE CASSIGNAC (ANNE) - **84**
• DE CASTELBAJAC (JEAN CHARLES) - **85**
• DE LA RENTA (OSCAR) - **85**
• DEL POZO (J.) - **85**
• DIANORA - **85**
• DIESEL* - **85**
• DIOR (CHRISTIAN) - **85 à 87**
• DOLCE & GABBANA - **87**
• DOMINGUEZ (ADOLPHO) - **87**
• DUNAY (HENRY) - **87**
• DUNHILL - **88**
• DUPONT (S.T.) - **88**
• ESCADA - **88**
• EVYAN - **89**
• FABERGE - **89**
• FATH (JACQUES) - **89**
• FEKKAI (FREDERIC) - **89**
• FENDI - **89**
• FERRAGAMO (SALVATORE) - **90**
• FERRARI - **90**
• FONTANA (SORELLE) - **90**
• GAP - **90**
• GARRAUD (RENE) - **90**
• GAULTIER (JEAN PAUL) - **90,91**
• GERANI - **91**
• GIVENCHY - **91,92**
• GOUTAL (ANNICK) - **92**
• GREY FLANNEL - **93**
• GUCCI - **93**
• GUERLAIN - **94,95**
• HALSTON - **95**
• HAYMAN (FRED) - **96**
• HERMES - **95**
• HERRERA (CAROLINA) - **96**
• HILFIGER - **96**
• HOUBIGANT - **97**
• ICEBERG - **97**
• IMPULSE - **97**
• IPSA - **97**
• ISABELL - **97**
• IVANA* - **97**
• JAGUAR - **97**
• JOOP - **97,98**
• JOURDAN (CHARLES) - **99**
• KARAN (DONA) - **99**
• KENZO - **99,100**
• KERN (OTTO) - **100**
• KITON - **100**
• KLEIN (CALVIN) - **100 à 102**
• LA PARFUMERIE - **102**
• LAGERFELD - **102,103**
• LANCASTER - **103**
• LANCOME - **103,104**
• LANVIN - **105**
• LAROCHE (GUY) - **105**
• LATOUR (REMY) - **105**
• LAUDER (ESTEE) - **105,106**
• LAUREN (RALPH) - **107**
• LE MONDE EN PARFUM - **108**
• LEGER (HERVE) - **108**
• LELONG (LUCIEN) - **108**
• MACKIE (BOB) - **108**
• MAHLER (SIMONE) - **108**
• MAITRE GANTIER PARFUMEUR - **108**
• MARBERT (DONNA) - **108**

- MAURER & WIRTZ - **108**
- Mc CLINTOCK - **108,109**
- MEXX - **109**
- MIGLIN'S (MARYLIN) - **109**
- MILLER (NICOLE) - **109**
- MIYAKE (ISSEY) - **109,110**
- MOLYNEUX - **110**
- MONTANA - **110**
- MOSCHINO - **111**
- MUGLER (THIERRY) - **111**
- MUHELENS - **111**
- MURANO - **111**
- NIKE - **111**
- NIKOS - **111**
- NORELL - **111**
- PAJOT (MARC) - **111**
- PATOU (JEAN) - **112**
- PENHALIGON'S - **112**
- PICASSO (PALOMA) - **113**
- PIKENZ SCHIAPARELLI - **113**
- PIVER L.T. - **113**
- PRESCRIPTIVES CALYX - **113**
- PRESLY (PRISCILLA) - **113,114**
- PUMA - **114**
- PUPA - **114**
- RABANNE (PACO) - **114,115**
- RACHEL - **115**
- RANCE - **115**
- REVLON - **115**
- RICCI (NINA) - **116**
- ROCHAS - **117**
- ROCHER (YVES) - **117**
- ROGER & GALLET - **118**
- ROLAND GARROS - **118**
- ROYAL DOULTON - **118**
- RYKIEL (SONIA) - **118**
- SABATIN (GABRIELA) - **118**
- SAINT LAURENT (YVES) - **118 à 121**
- SANDER (JIL) - **121**
- SCHIAPARELLI - **121**
- SEBASTIAN (PAUL) - **121**
- SHARIF (OMAR) - **121**
- SHISEIDO - **121,122**
- SISLEY - **122**
- SKARLETT* - **122**
- SMALTO (FRANCESCO) - **122**
- SOPRANI - **123**
- STENDHAL - **123**
- STORM* - **123**
- SUI (ANNA) - **123**
- SUMATRA RAIN* - **123**
- SUNG (ALFRED) - **123**
- TACCHINI (SERGIO) - **124**
- TARTINE & CHOCOLAT - **124**
- TAYLOR (ELIZABETH) - **124**
- TIEL (VICKY) - **124**
- TIFFANY & CO - **124**
- TRISH Mc EVOY* - **125**
- TUCCI (EMIDIO) - **125**
- UNGARO - **125**
- VALENTINO (MARIO) **125**
- VALENTINO - **125,126**
- VAN CLEEF & ARPELS - **126**
- VAN GILS - **126**
- VANDERBILT (GLORIA) - **126**
- VERINO* - **127**
- VERSACE - **127**
- VICTOR - **127**
- VITTORI (JEAN) - **127**
- WARHOL (ANDY) - **127**
- WATIER (LISE) - **127**
- WESTWOOD (VIVIENNE) - **127**
- WORTH - **127**

M1 - All. b

M2 - France b

M3 - b

M4 - b

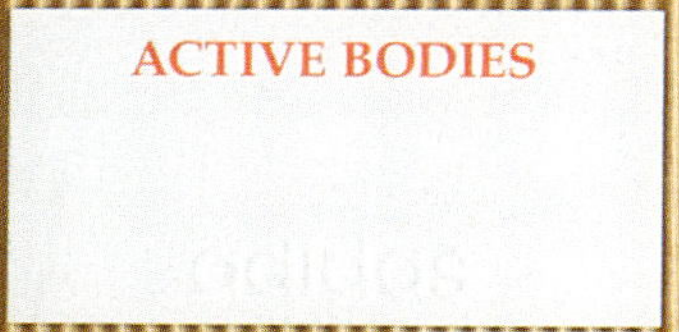

M5 - Hongrie c

M6 - Hongrie c

M7 - r°v° d

M8 - All. b

M9 - r°v° Pays Arabes d

M10 - r°v°Pays Arabes d

M11 - Pays Arabes d

M12 - r°v° Pays Arabes d

Correspondance des valeurs

- **b** - jusqu'à 10 F - 1,5 €
- **c** - 10 à 20 F - 1,5 à 3 €
- **d** - 20 à 40 F - 3 à 6 €
- **e** - 40 à 60 F - 6 à 9 €
- **f** - 60 à 100 F - 9 à 15 €
- **g** - 100 à 150 F - 15 à 23 €
- **h** - au-delà de 150 F - 23 €

📖 - Double feuillet
r°v° - recto verso

M13 - All. b

M14 - All. b

M15 - All. b

M16 - All. b

M17 - Japon c

M18 - Japon c

M19 - Etranger d

M20 - Japon d

M21 - b

M22 - b

↓M23 - r°v° Patch All. b

↑M24 - r°v° Patch All. b

↑M25 - r°v° Patch c

M26 - Esp. c →

M27 - USA c

←M28 - All. b

M29 - r°v° Film b

Correspondance des valeurs

- **b** - jusqu'à 10 F - 1,5 €
- **c** - 10 à 20 F - 1,5 à 3 €
- **d** - 20 à 40 F - 3 à 6 €
- **e** - 40 à 60 F - 6 à 9 €
- **f** - 60 à 100 F - 9 à 15 €
- **g** - 100 à 150 F - 15 à 23 €
- **h** - au-delà de 150 F - 23 €

📖- Double feuillet
r°v° - recto verso

M30 - Patch r°v°

M31 - Patch r°v°

ETUI

M32 - Patch r°v°

M30 à M34
ETUI AVEC SÉRIE DE
4 CARTES "PATCH" RECTO VERSO

M34 - Patch r°v°

M35 - r°v° Portugal **c**

M36 - **b**

M37 - **b**

M38 - r°v° Etranger **d**

M39 - Japon **d**

M41 - Japon **d**

M40 - Japon **d**

M42 - Etranger **e**

M43 - r°v° Etranger **d**

M44 - USA **c**

M46 - Etranger **d**

M47 - Canada **d**

M45 - r°v° USA **c**

Correspondance des valeurs

- **b** - jusqu'à 10 F - 1,5 €
- **c** - 10 à 20 F - 1,5 à 3 €
- **d** - 20 à 40 F - 3 à 6 €
- **e** - 40 à 60 F - 6 à 9 €
- **f** - 60 à 100 F - 9 à 15 €
- **g** - 100 à 150 F - 15 à 23 €
- **h** - au-delà de 150 F - 23 €

📖 - Double feuillet
r°v° - recto verso

M48 - r°v° Patch **c**

↑M49 - r°v° **d**

↑M50 - r°v° **d**

↑M51 - r°v° **d**

M54 - **b** →

↓M55 - r°v° Patch **b**

↓M53 - **d**

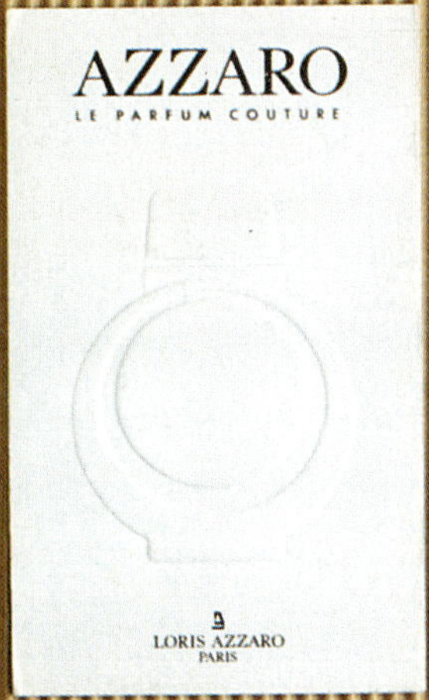

M52 - **d**

↓M58 - r°v° Film **c**

↓M57 - r°v° Patch **c**

M56 - **c**

M59 - r°v° All. b

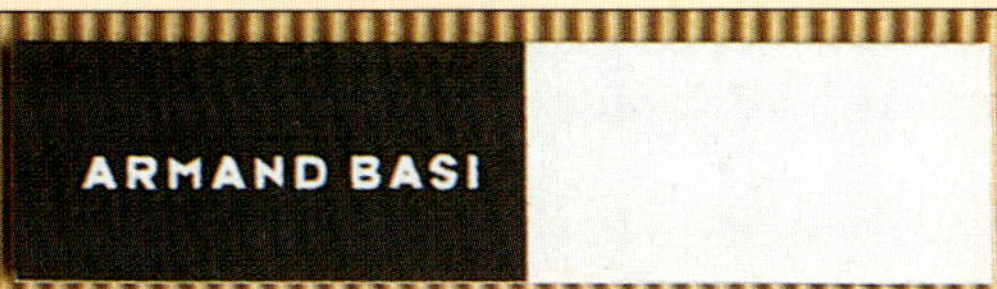

M60 - b

M61 - r°v° All. b

M62 - Australie d →

M63 - b

M64 - b

M65 - USA b

M66 - r°v° b

↓ M67 - r°v° Patch USA c

↓ M68 - r°v° Patch USA b

Correspondance des valeurs

- **b** - jusqu'à 10 F - 1,5 €
- **c** - 10 à 20 F - 1,5 à 3 €
- **d** - 20 à 40 F - 3 à 6 €
- **e** - 40 à 60 F - 6 à 9 €
- **f** - 60 à 100 F - 9 à 15 €
- **g** - 100 à 150 F - 15 à 23 €
- **h** - au-delà de 150 F - 23 €

📖 - Double feuillet
r°v° - recto verso

M69 - 📖 Patchs **c**

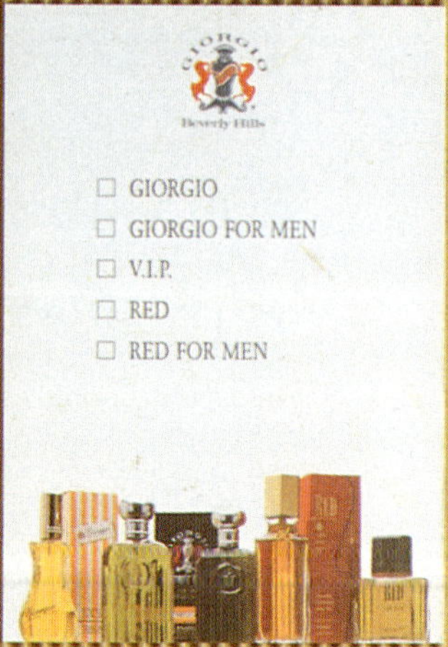

M70 - USA **b**

M71 - r°v° Patch **b**

M72 - Etranger **b**

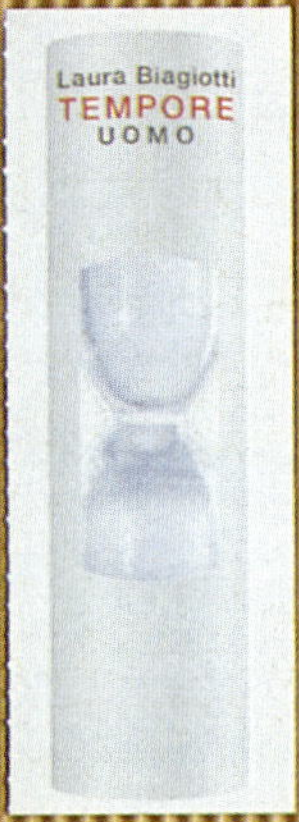

M73 - Etranger **b**

M74 - Esp. **c**

M75 - All. **b**

M75bis - **c**

M76 - r°v° Patch **b**

M77 - **b**

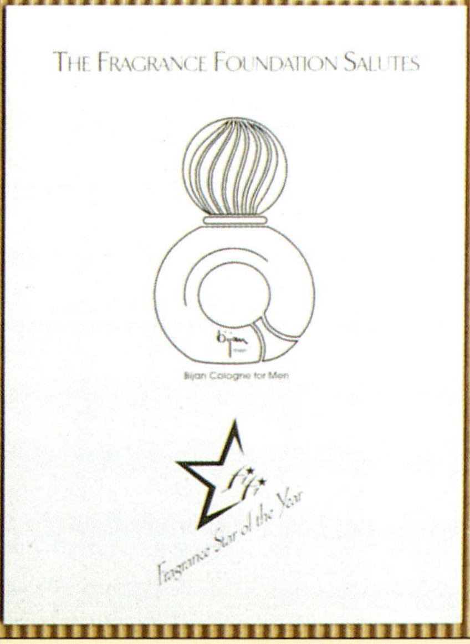

M78 - r°v° Floride **c**

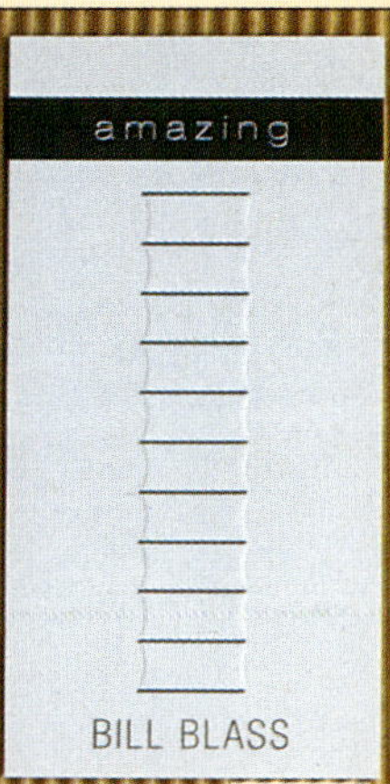

M79 - b

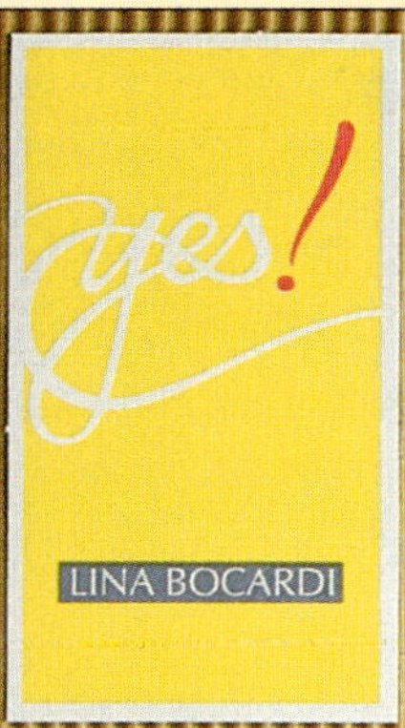

M80 - c

M81 - b

M82 - b

M84 - Australie c

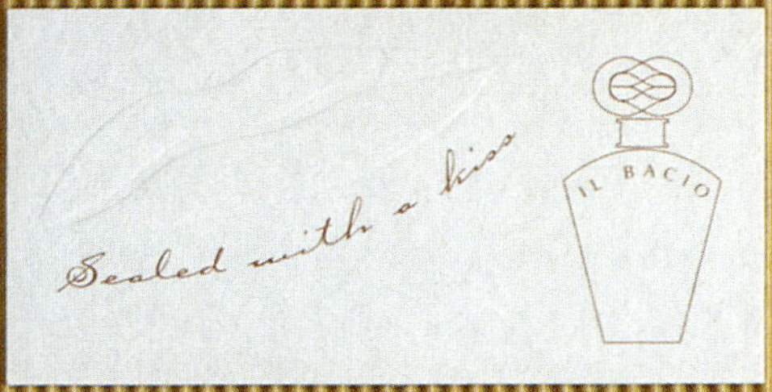

M83 - r°v° USA c

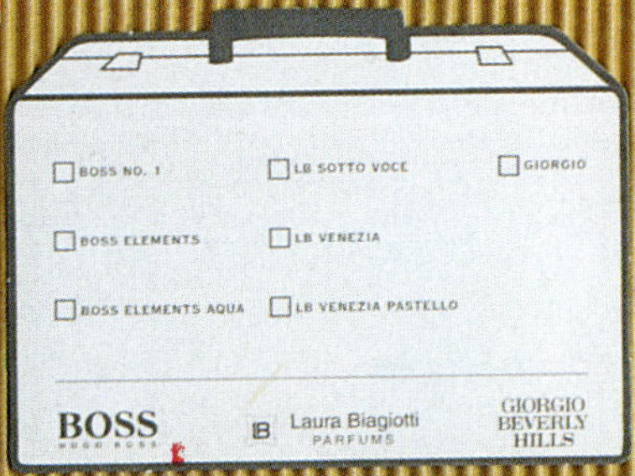

M85 - All. b

↑M86 - r°v° USA d

M87 - 1993 c

←M88 - r°v° Patch All. b

←M89 - b

Correspondance des valeurs

- **b** - jusqu'à 10 F - 1,5 €
- **c** - 10 à 20 F - 1,5 à 3 €
- **d** - 20 à 40 F - 3 à 6 €
- **e** - 40 à 60 F - 6 à 9 €
- **f** - 60 à 100 F - 9 à 15 €
- **g** - 100 à 150 F - 15 à 23 €
- **h** - au-delà de 150 F - 23 €
- 🕮 - Double feuillet
- r°v° - recto verso

M90 - Etranger c

M91 - r°v° Patch Belgique c

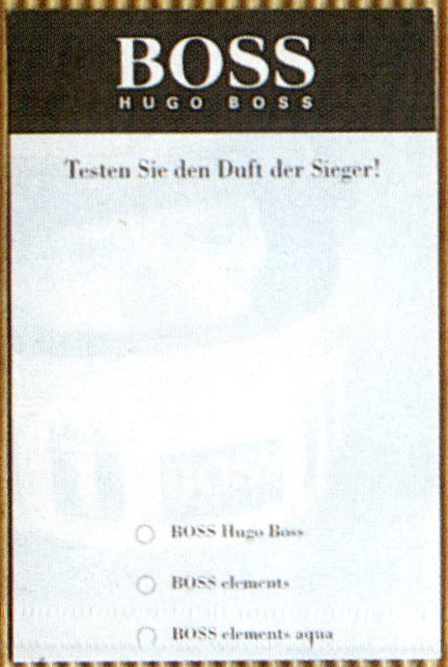

M92 - All. b ↑

↑M93 - r°v° USA b

↑M94 - b

M95 →
Patchs
Etranger c

↑M96 - r°v° Japon d

↓M97 - b

M98 - b

M99 - Etranger c →

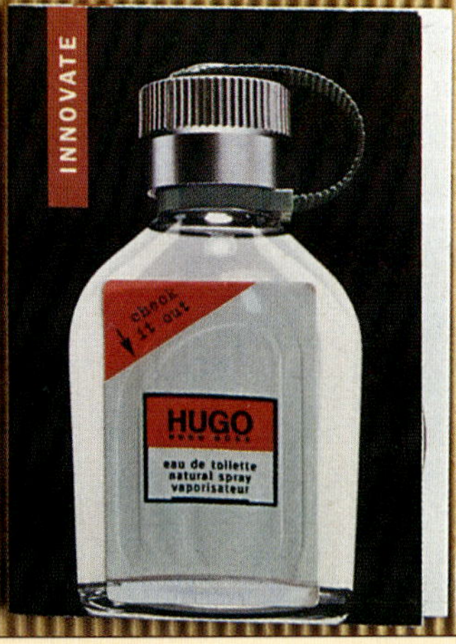

← M100
Patch c

M101 →
Inédit d

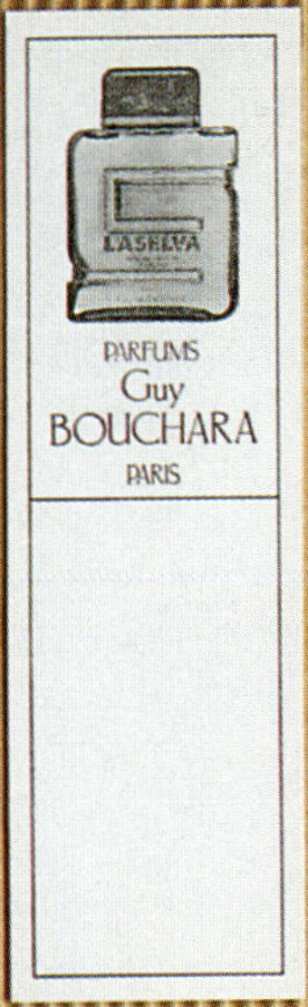

M102 - d

M103 - r°v° Patch b

M104 - r°v° Patch b

M105 - b

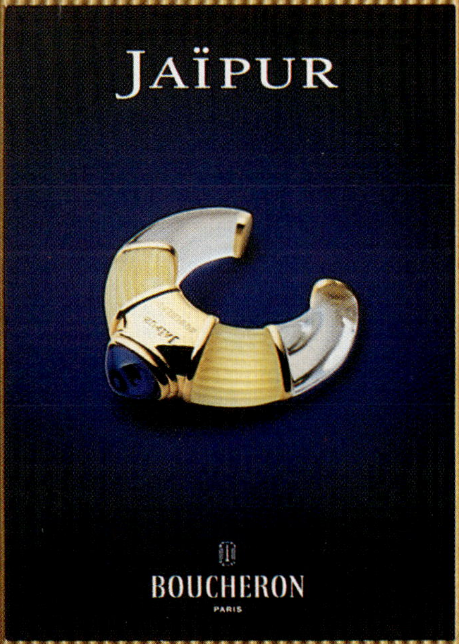

M107 - r°v° Patch b

M106 - c

M108 - c

Correspondance des valeurs

b - jusqu'à 10 F - 1,5 €
c - 10 à 20 F - 1,5 à 3 €
d - 20 à 40 F - 3 à 6 €
e - 40 à 60 F - 6 à 9 €
f - 60 à 100 F - 9 à 15 €
g - 100 à 150 F - 15 à 23 €
h - au-delà de 150 F - 23 €
📖 - Double feuillet
r°v° - recto verso

M109 - G.B. d
live
love
laugh
dream
Brighton
↓M110 - d
BVLGARI
Parfums
↓M111 - d
BVLGARI
Parfums
BVLGARI
BLACK
THE NEW FRAGRANCE
DESIGNED FOR MEN AND WOMEN
M112 - r°v° Patch b
↓M113 - b
BVLGARI
↓M114 - d
BVLGARI
Parfums
BVLGARI
BLACK
BVLGARI
←M115 - Canada b
M116 - b
↓M118 - b
BVLGARI
BLACK
M117 - d
BVLGARI
Parfums
M120 - b
↓M119 - Esp. b
BVLGARI
Parfums
BVLGARI
Eau Fraîche

M121 - c

M122 - b

M123 - Japon c

M124 - Japon c

M125 - c

M126 - Etranger d

M127 - r°v° Patch USA c

M128 - All. c

M129 - r°v° Etranger c

M130 - Portugal f

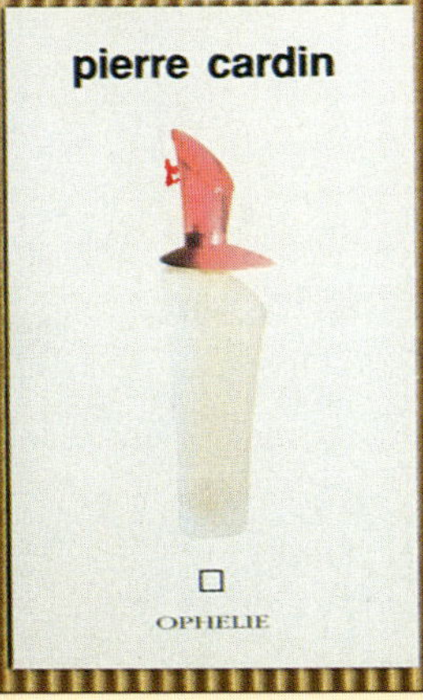

M131 - r°v° b

Correspondance des valeurs

- **b** - jusqu'à 10 F - 1,5 €
- **c** - 10 à 20 F - 1,5 à 3 €
- **d** - 20 à 40 F - 3 à 6 €
- **e** - 40 à 60 F - 6 à 9 €
- **f** - 60 à 100 F - 9 à 15 €
- **g** - 100 à 150 F - 15 à 23 €
- **h** - au-delà de 150 F - 23 €
- 🕮 - Double feuillet
- r°v° - recto verso

M133 - r°v° c
SANTOS
DE
Cartier
PARIS
M132 - r°v° c
PASHA
M134 - r°v° c
déclaration
M135 - b

M136 - 🕮 b

M137 - 🕮 b

M138 - 🕮 b

M139 - r°v° b

M140 - Carte métal d

M141 - f

Correspondance des valeurs

- **b** - jusqu'à 10 F - 1,5 €
- **c** - 10 à 20 F - 1,5 à 3 €
- **d** - 20 à 40 F - 3 à 6 €
- **e** - 40 à 60 F - 6 à 9 €
- **f** - 60 à 100 F - 9 à 15 €
- **g** - 100 à 150 F - 15 à 23 €
- **h** - au-delà de 150 F - 23 €

🕮 - Double feuillet

r°v° - recto verso

M142 - Arabie d

←M143 - Arabie d

M144 - Arabie d

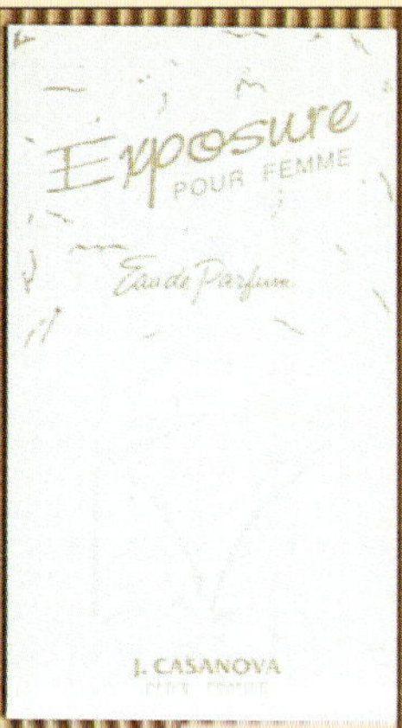

M145 - Arabie d

M146 - USA c

M147 - r°v° Patch b

M148 - b

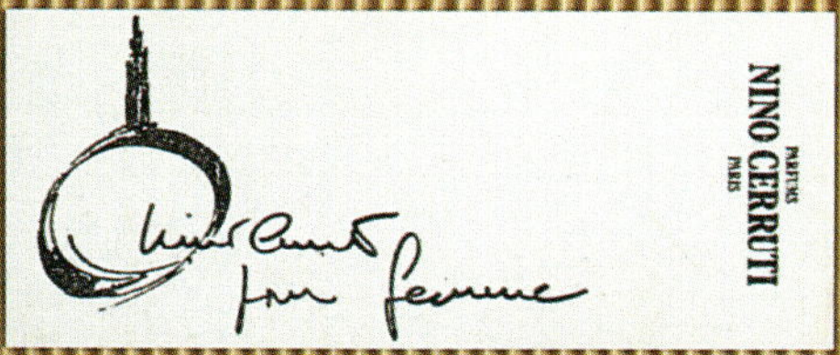

M149 - d

M150 - r°v° Canada c

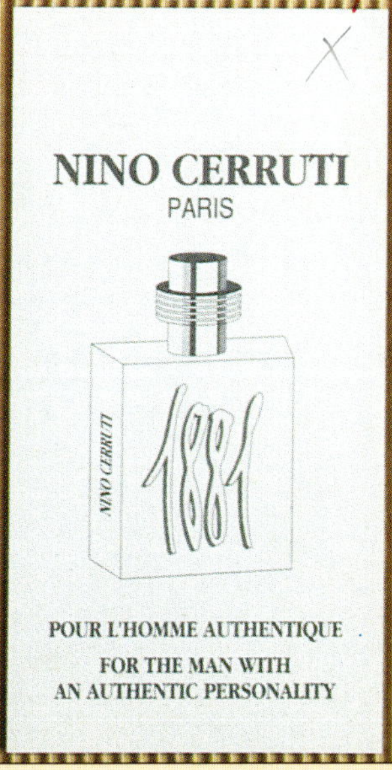

M151 - b

M152 - b

M153 - r°v° Patch b

M154 - r°v° Patch b

M155 - r°v° Patch b

M156 - r°v° Patch b

- **b** - jusqu'à 10 F - 1,5 €
- **c** - 10 à 20 F - 1,5 à 3 €
- **d** - 20 à 40 F - 3 à 6 €
- **e** - 40 à 60 F - 6 à 9 €
- **f** - 60 à 100 F - 9 à 15 €
- **g** - 100 à 150 F - 15 à 23 €
- **h** - au-delà de 150 F - 23 €
- 📖 - Double feuillet
- r°v° - recto verso

M157 - r°v° Patch USA **e**

M158 - r°v° Patch USA **e**

M159 - Film r°v° USA **d**

M160 - Film r°v° USA **e**

M161 - USA **d**

M162 - USA **d**

M163 - r°v° Noël 98 **c**

M165 - USA **d**

M166 - USA **d**

M164 - r°v° **b**

M167 - G.B **c**

M168 - G.B **c**

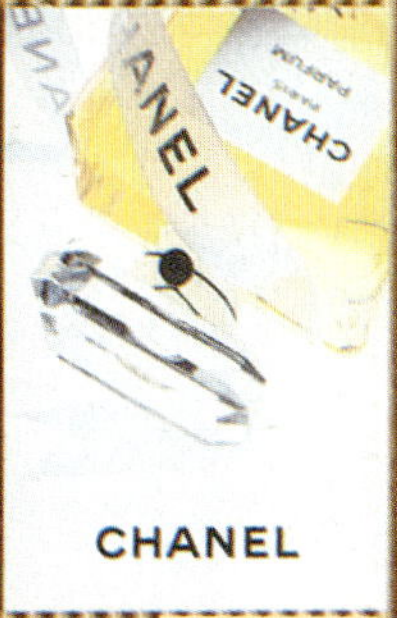

M169 - G.B **d**

M170 - G.B **c**

M171 - G.B **c**

Correspondance des valeurs

- **b** - jusqu'à 10 F - 1,5 €
- **c** - 10 à 20 F - 1,5 à 3 €
- **d** - 20 à 40 F - 3 à 6 €
- **e** - 40 à 60 F - 6 à 9 €
- **f** - 60 à 100 F - 9 à 15 €
- **g** - 100 à 150 F - 15 à 23 €
- **h** - au-delà de 150 F - 23 €
- 📖 - Double feuillet
- r°v° - recto verso

M172 - Japon **d**

M173 - Japon **d**

M174 - Japon **d**

M175 - **b**

M176 - Japon **d**

M177 - Japon **d**

M178 - Japon **c**

M179 - r°v° **c**

M180 - r°v° **b**

M181 - USA **e**

M182 - r°v° **d**

M183 - Japon **d**

M184 - Etranger **b**

M185 - b

M186 - Etranger b

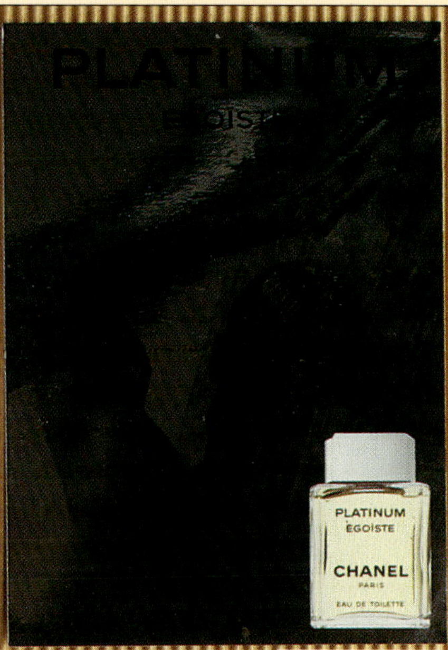

M187 - r°v° Patch b

M188 - r°v° b

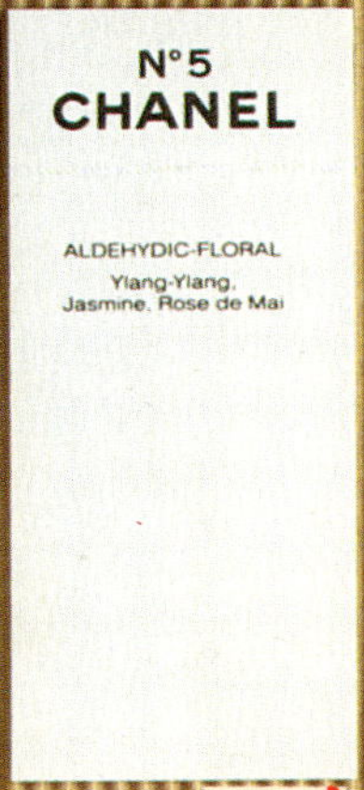

M189 - b

M191 - r°v° b

M192 - b

M190 - Triple b

M193 - Etranger c

M194 - Floride d

M195 - r°v° b

M196 - r°v° b

Correspondance des valeurs

- **b** - jusqu'à 10 F - 1,5 €
- **c** - 10 à 20 F - 1,5 à 3 €
- **d** - 20 à 40 F - 3 à 6 €
- **e** - 40 à 60 F - 6 à 9 €
- **f** - 60 à 100 F - 9 à 15 €
- **g** - 100 à 150 F - 15 à 23 €
- **h** - au-delà de 150 F - 23 €
- 📖 - Double feuillet
- r°v° - recto verso

↓M198 - r°v° Canada c

↓M199 - USA c

M200 - USA c

M197 - r°v° Canada c

←M201 - r°v° Canada c

↓M204 - r°v° Canada c

↖ M202 - r°v° Canada c

↖ M205 - r°v° Canada c

M203 - r°v° USA c ↗

M208 - USA c

↑M206 - r°v° Canada c

↖M207 - r°v° Canada c

Correspondance des valeurs

- **b** - jusqu'à 10 F - 1,5 €
- **c** - 10 à 20 F - 1,5 à 3 €
- **d** - 20 à 40 F - 3 à 6 €
- **e** - 40 à 60 F - 6 à 9 €
- **f** - 60 à 100 F - 9 à 15 €
- **g** - 100 à 150 F - 15 à 23 €
- **h** - au-delà de 150 F - 23 €
- 📖 - Double feuillet
- r°v° - recto verso

M222 USA c ←

M223 USA c ←

M224 - r°v° b

←M226 - d

↑M225 - b

M227 - r°v° All. c

↓ M229 - r°v° c

M228 - b

M230 - r°v° USA b

M231 - r°v° USA b

←M232 - r°v° b

←M233 - r°v° All. b

M234 - r°v° c

↑M235 - d

↑M236 - d

↑M237 - d

←M238
Esp. e

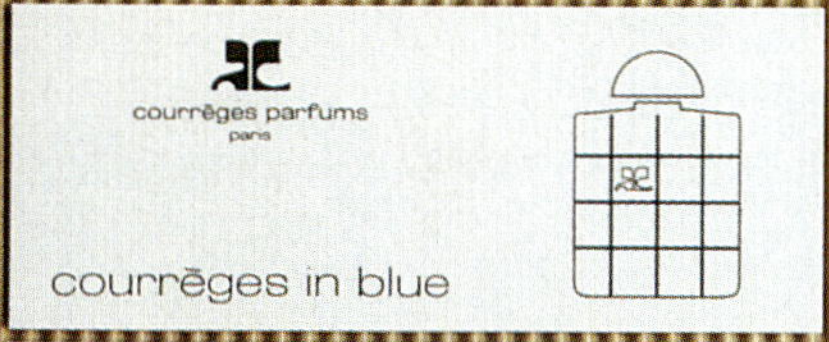

←M239
Esp. e

←M240
Esp. e

←M241
Esp. e

M242 - r°v° Pologne e

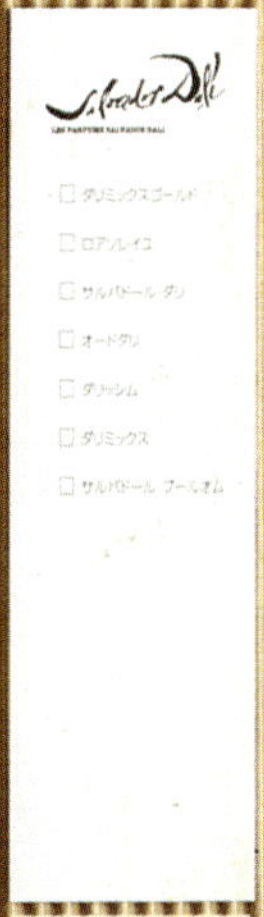

M243 - Japon d

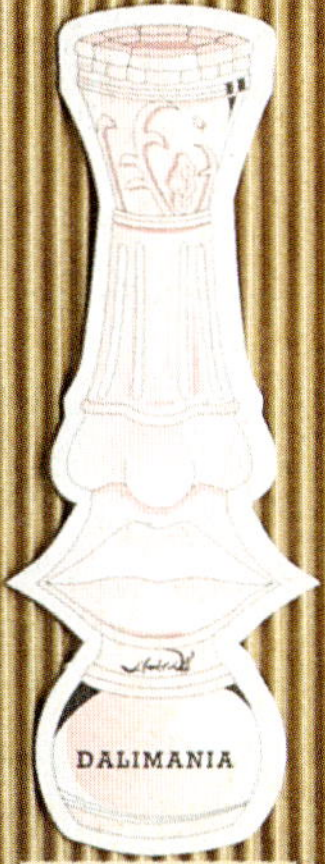

M244 - Australie d

b - jusqu'à 10 F - 1,5 €
c - 10 à 20 F - 1,5 à 3 €
d - 20 à 40 F - 3 à 6 €
e - 40 à 60 F - 6 à 9 €
f - 60 à 100 F - 9 à 15 €
g - 100 à 150 F - 15 à 23 €
h - au-delà de 150 F - 23 €
📖 - Double feuillet
r°v° - recto verso

↑M245 - r°v° USA c

M246 - r°v° Patch USA c

M247 - b

↑M248 - b

←M249 - All. b

←M250 - Etranger c

M251 - b

M253 →
r°v° Film c

↓ M252
Film r°v° USA c

↓M254 - r°v° c

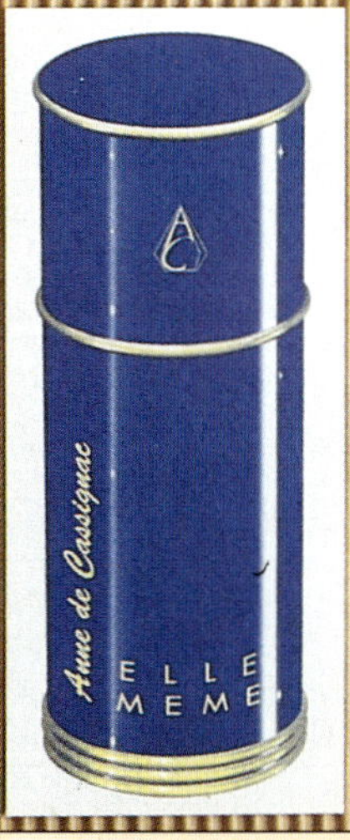

M255 - d

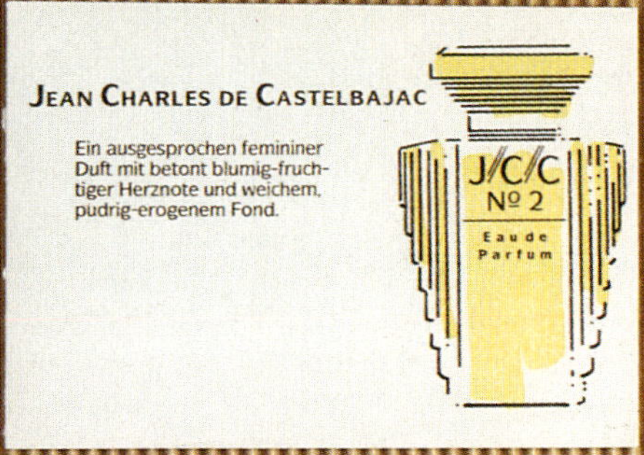

M256 - f

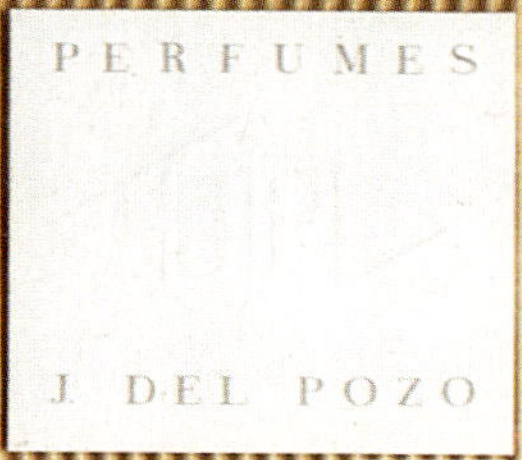

M257 - b

M258 - c

M259 - c

M260 - USA b

M261 - b

M262 - b

M263 - r°v° All. c

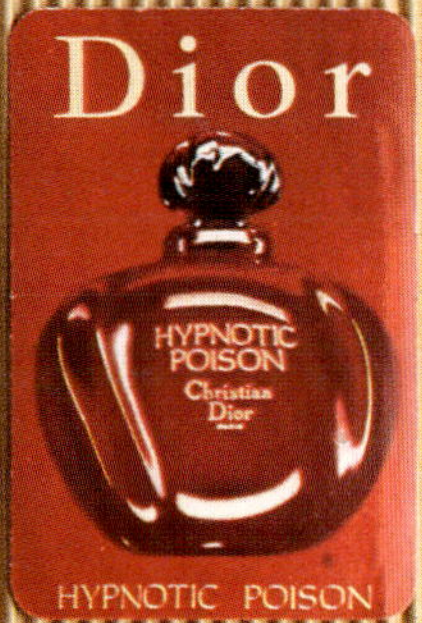

M264 - d

M265 - e

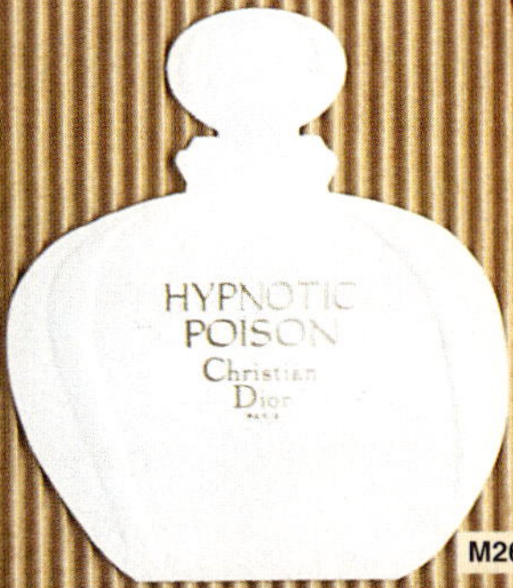

M266 - b

M267 - r°v° b

M268 - r°v° Etranger c

M269 - r°v° Patch b

Correspondance des valeurs

- **b** - jusqu'à 10 F - 1,5 €
- **c** - 10 à 20 F - 1,5 à 3 €
- **d** - 20 à 40 F - 3 à 6 €
- **e** - 40 à 60 F - 6 à 9 €
- **f** - 60 à 100 F - 9 à 15 €
- **g** - 100 à 150 F - 15 à 23 €
- **h** - au-delà de 150 F - 23 €
- 📖 - Double feuillet
- r°v° - recto verso

M270 - USA c
M271 - r°v° All. c
M272 - r°v° b
M273 - d
M274 - d
M275 - c
M276 - c
M277 - USA b
M278 - b
M279 - c
M280 - r°v° b
M281 - b
M282 - r°v° Patch b
M283 - b

b - jusqu'à 10 F - 1,5 €
c - 10 à 20 F - 1,5 à 3 €
d - 20 à 40 F - 3 à 6 €
e - 40 à 60 F - 6 à 9 €
f - 60 à 100 F - 9 à 15 €
g - 100 à 150 F - 15 à 23 €
h - au-delà de 150 F - 23 €
📖 - Double feuillet
r°v° - recto verso

↑M297 - r°v° c

↑M298 - All. b

↑M299 - USA 98 b

↑M300 - b

←M302 - r°v° b

←M304 - c

↑M305 - c

↖M306 - c

M301 - r°v° b ↑

M307 - c ↗

M308 - b ↘

↑M303 - r°v° b

↑M309 - 1993 c

M310 - r°v° b

M311 - r°v° b

↙M312 - USA d

M313 - USA c

M314 - 📖 Film d

M315 - r°v° Film e

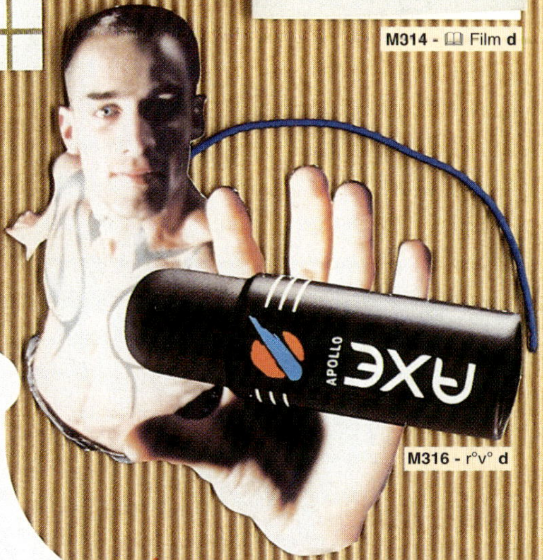

M316 - r°v° d

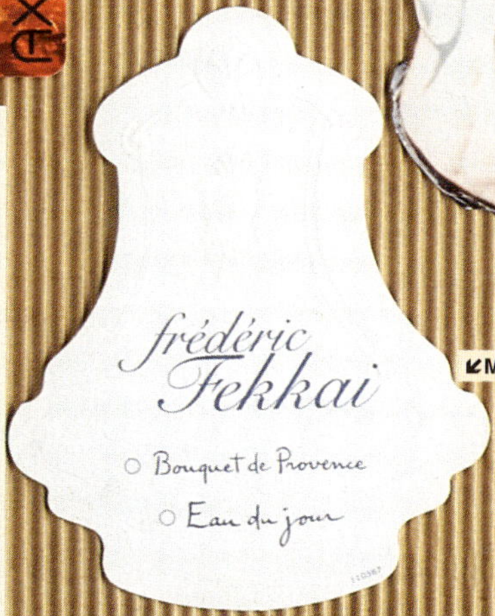

↙M317 - d

↑M318 - d

↓M321 - r°v° Floride c

←M319 - b

M320 - c

M322 - Etranger b

Correspondance des valeurs

- **b** - jusqu'à 10 F - 1,5 €
- **c** - 10 à 20 F - 1,5 à 3 €
- **d** - 20 à 40 F - 3 à 6 €
- **e** - 40 à 60 F - 6 à 9 €
- **f** - 60 à 100 F - 9 à 15 €
- **g** - 100 à 150 F - 15 à 23 €
- **h** - au-delà de 150 F - 23 €

📖 - Double feuillet
r°v° - recto verso

M323 - b

M324 - Italie b

M325 - b

M326 - b

M327 - r°v° d

M328 - Italie b

←M329 - r°v° d

M330 - USA b

M331 - d

M332 - r°v° Film b

M333 - b

M334 - Japon **e**

M335 - / **b**

M336 - Etranger **b**/

M337 - 📖/ **b**

M338 - r°v° Japon **d**

←M339 - r°v° Etranger **c**/

M340 - 📖/ **b**

↓M341 - r°v° Canada **c**

↓M342 - r°v° Japon **d**

←M343 - Etranger **d**

b - jusqu'à 10 F - 1,5 €
c - 10 à 20 F - 1,5 à 3 €
d - 20 à 40 F - 3 à 6 €
e - 40 à 60 F - 6 à 9 €
f - 60 à 100 F - 9 à 15 €
g - 100 à 150 F - 15 à 23 €
h - au-delà de 150 F - 23 €
📖 - Double feuillet
r°v° - recto verso

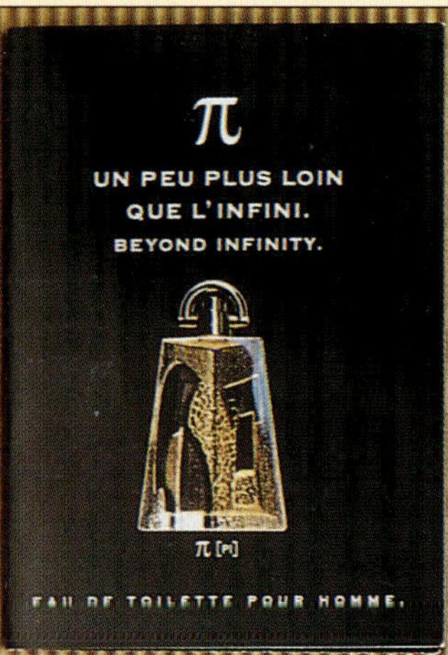

M344 - 📖 Patch b

↙M345 - b

↙M346 - b

M347 - Australie c

M348 - Australie c

M349 - r°v° Patch b

M350 - g

M351 - r°v° Tatouage b

M352 - Australie c

M353 - b

M354 - r°v° b

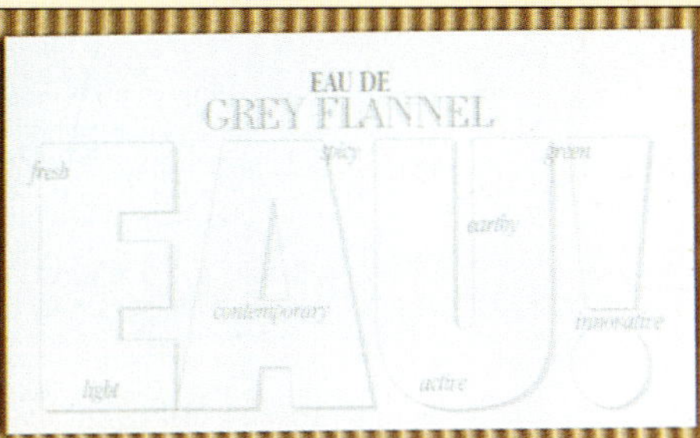

M355 - c

M356 - d

M357 - Patch **b**

M358 - Patch **c**

M359 - All. **c**

M360 - r°v° **e**

M361 - **b**

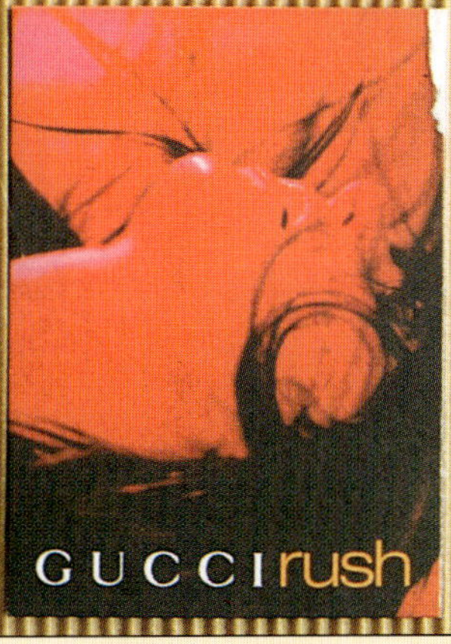

M362 - **b**

Correspondance des valeurs

- **b** - jusqu'à 10 F - 1,5 €
- **c** - 10 à 20 F - 1,5 à 3 €
- **d** - 20 à 40 F - 3 à 6 €
- **e** - 40 à 60 F - 6 à 9 €
- **f** - 60 à 100 F - 9 à 15 €
- **g** - 100 à 150 F - 15 à 23 €
- **h** - au-delà de 150 F - 23 €
- 📖 - Double feuillet
- r°v° - recto verso

M363 - r°v° USA c

M364 - Australie c

M365 - Australie c

M366 - Australie c

M367 - Australie c

M368 - Australie c

M369 - r°v° Canada c

M370 - r°v° Film Canada c

M371 - b

M372 - r°v° c

M373 - c

M374 - c

M375 - r°v° Canada **c**

M376 - r°v° **c**

M377 - r°v° Canada **c**

M378 - r°v° Canada **c**

M379 - r°v° **f**

M382 - r°v° **b**

M381 - Etranger **d**

↑ **M380** - 📖 1990 **f**

↓**M385** - USA **c**

M386 - Etranger **d**

M383 - r°v° **b**

M384 - r°v° **f**

Correspondance des valeurs

- **b** - jusqu'à 10 F - 1,5 €
- **c** - 10 à 20 F - 1,5 à 3 €
- **d** - 20 à 40 F - 3 à 6 €
- **e** - 40 à 60 F - 6 à 9 €
- **f** - 60 à 100 F - 9 à 15 €
- **g** - 100 à 150 F - 15 à 23 €
- **h** - au-delà de 150 F - 23 €

📖- Double feuillet
r°v° - recto verso

M387 - USA **d**

M388 - Etranger **d**

M389 - Patch **d**

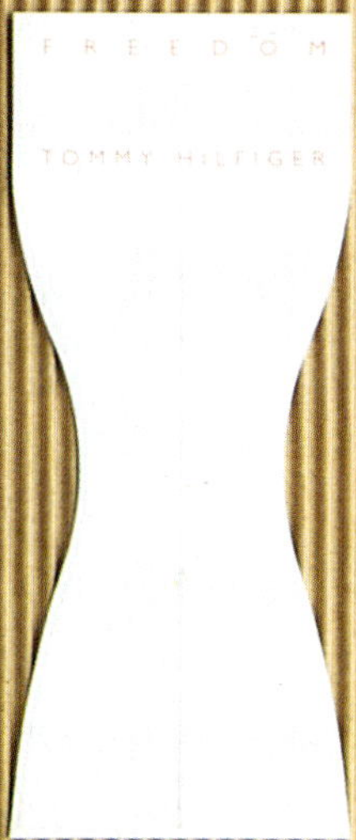

M391 - **b**

M392 - USA **c**

M393 - Patch **c**

M390 - Etranger **c**

M396 - r°v° USA **c**

M395 - **b**

M394 - USA **b**

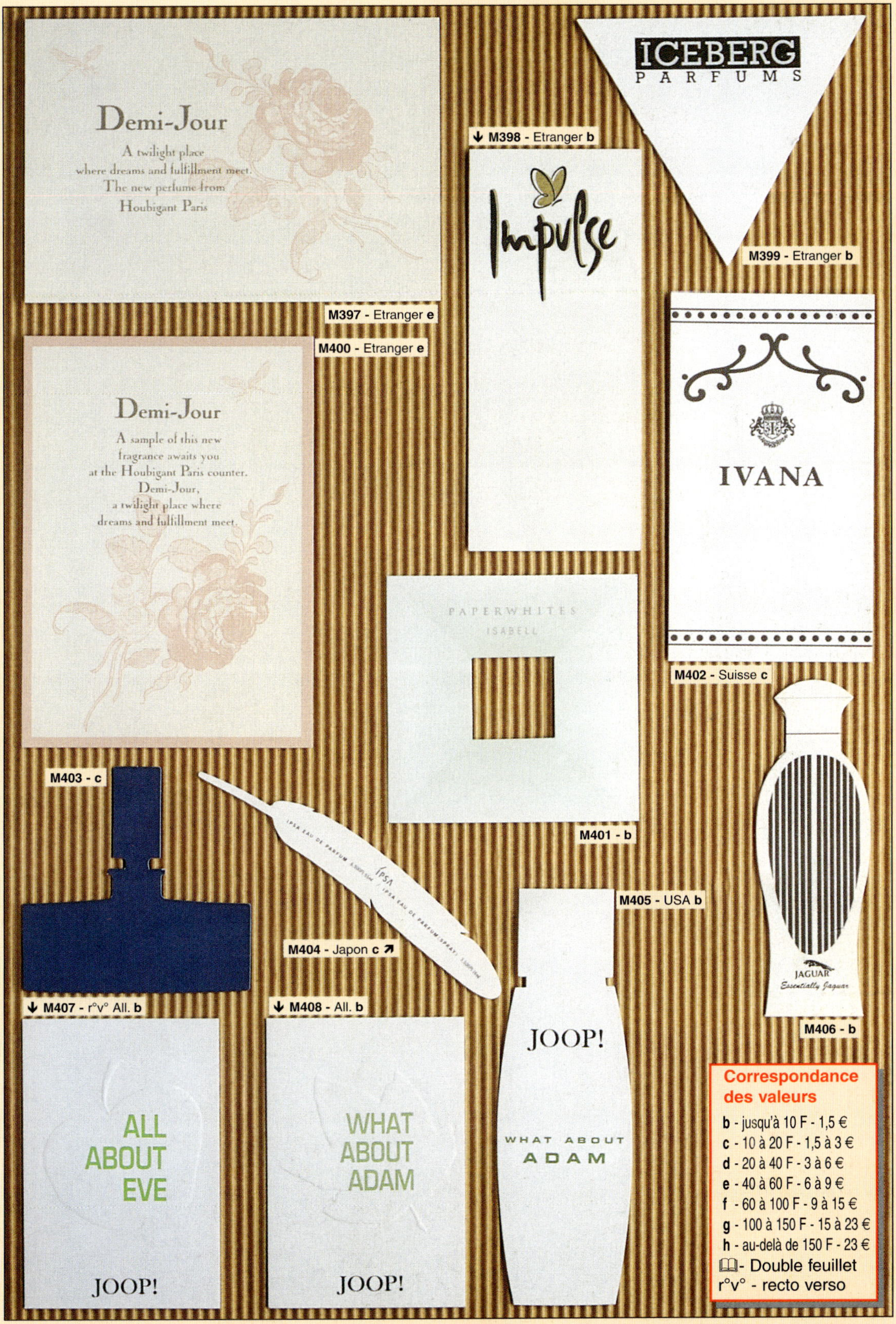

M397 - Etranger **e**

M398 - Etranger **b**

M399 - Etranger **b**

M400 - Etranger **e**

M401 - **b**

M402 - Suisse **c**

M403 - **c**

M404 - Japon **c** ↗

M405 - USA **b**

M406 - **b**

↓ **M407** - r°v° All. **b**

↓ **M408** - All. **b**

Correspondance des valeurs

- **b** - jusqu'à 10 F - 1,5 €
- **c** - 10 à 20 F - 1,5 à 3 €
- **d** - 20 à 40 F - 3 à 6 €
- **e** - 40 à 60 F - 6 à 9 €
- **f** - 60 à 100 F - 9 à 15 €
- **g** - 100 à 150 F - 15 à 23 €
- **h** - au-delà de 150 F - 23 €

📖 - Double feuillet
r°v° - recto verso

M410 - r°v° Film **b**

M411 - r°v° Patch Etranger **b**

M414 - All. **c**

M412 - **b**

M413 - **b**

M415 - All. **b**

M416 - r°v° All. **b**

M418 - All. **c**

M419 - r°v° Film **b**

M417 - **c**

M420 - c

M421 - d

M422 - r°v° USA b

M423 - r°v° Patch c

M424 - r°v° Patch b

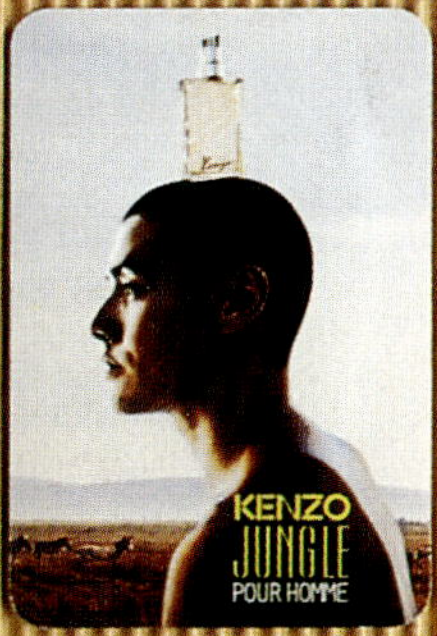

M425 - r°v° Patch c

M426 - r°v° Patch c

M427 - r°v° Patch c

M428 - r°v° Patch b

M429 - r°v° Patch b

M430 - r°v° Patch c

- **b** - jusqu'à 10 F - 1,5 €
- **c** - 10 à 20 F - 1,5 à 3 €
- **d** - 20 à 40 F - 3 à 6 €
- **e** - 40 à 60 F - 6 à 9 €
- **f** - 60 à 100 F - 9 à 15 €
- **g** - 100 à 150 F - 15 à 23 €
- **h** - au-delà de 150 F - 23 €
- 📖 - Double feuillet
- r°v° - recto verso

M431 - r°v° Film b

M432 - r°v° Patch b

M433 - b

M435 - d

M434 - c

M436 - b

M437 - b

M438 - r°v° b →

↓ M439 - r°v° c

← M440 - r°v° b

M442 - 📖 Film Etranger c →

↓ M441 - Portugal b

M443 M444 M445 M446 M447

M443 à M447 - r°v° Film **b**

M448 M449 M450 M451 M452

M448 à M452 - r°v° Film **b**

b - jusqu'à 10 F - 1,5 €
c - 10 à 20 F - 1,5 à 3 €
d - 20 à 40 F - 3 à 6 €
e - 40 à 60 F - 6 à 9 €
f - 60 à 100 F - 9 à 15 €
g - 100 à 150 F - 15 à 23 €
h - au-delà de 150 F - 23 €
📖 - Double feuillet
r°v° - recto verso

M453 - r°v° Film **b**

M454 - r°v° USA **b**

M455 - Film Esp. **c**

M456 - r°v° Film Esp. **c**

M457 - r°v° **b**

M458 - r°v° **b**

M459 - **b**

M466 - **b**

M465 - r°v° **c**

M460 à M464 - **b**

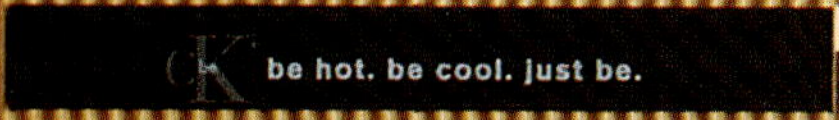

M460

M461

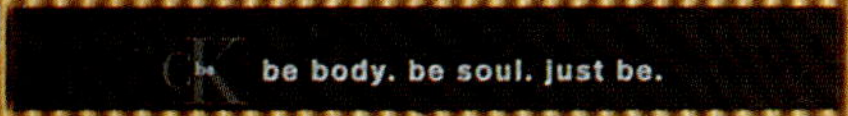

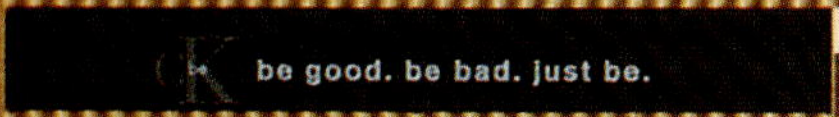

M462

M463

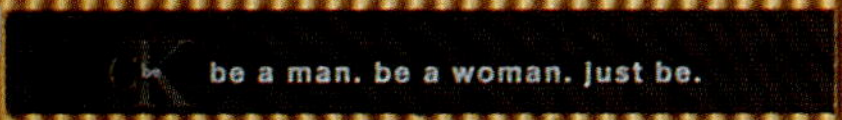

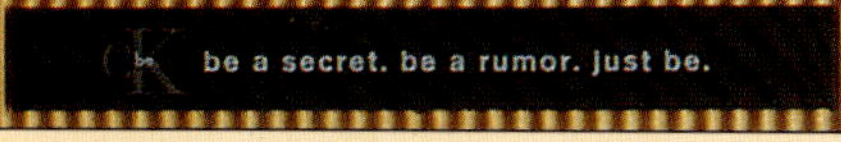

M464

M469 - Etranger **c**

↑M467 - r°v° Patch **b**

←M468 - e

↑M470 - r°v° Patch **c**

M471 - Etranger **c**

M473 - All. **d**

M472 - Etranger **c**

M474 - c

M477 - r°v° USA **b**

M475 - All. **b**

M476 - All. **b**

b - jusqu'à 10 F - 1,5 €
c - 10 à 20 F - 1,5 à 3 €
d - 20 à 40 F - 3 à 6 €
e - 40 à 60 F - 6 à 9 €
f - 60 à 100 F - 9 à 15 €
g - 100 à 150 F - 15 à 23 €
h - au-delà de 150 F - 23 €
📖 - Double feuillet
r°v° - recto verso

M478 - r°v° Patch c
M479 - r°v° Patch c
M480 - r°v° Patch c
M481 - r°v° Patch c
M484 - b →
M486 → r°v° Patch c
M482 - b
M483 - r°v° c
← M485 r°v° Patch c
↓M488 - r°v° USA d
← M487 r°v° Patch c
M489 - b
M490 - All. 1998 c

M491 - Indonésie **d**

M492 - Etranger **d**

M493 - **e**

M494 - Etranger **b**

M498 - Film All. **d**

M495 - r°v° **d**

M496 - Japon **d**

M497 - Portugal **c**

M499 - **b**

M500 - r°v° **b**

M501 - **b**

← **M502** - Mexique **d**

- **b** - jusqu'à 10 F - 1,5 €
- **c** - 10 à 20 F - 1,5 à 3 €
- **d** - 20 à 40 F - 3 à 6 €
- **e** - 40 à 60 F - 6 à 9 €
- **f** - 60 à 100 F - 9 à 15 €
- **g** - 100 à 150 F - 15 à 23 €
- **h** - au-delà de 150 F - 23 €
- 📖 - Double feuillet
- r°v° - recto verso

M503 - Suisse **f**

M504 - Suisse **f**

M505 Etranger **c**

M506 - **d**

M507 - Suisse **f**

M508 - Suisse **f**

M509 - Etranger **c**

M510 - Etranger **c**

M511 - r°v° USA **c**

M512 - r°v° Patch All. **b**

M513 - **b**

M514 - Etranger **b**

M515 - r°v° Etranger **c**

← M516 - r°v° **c**

M518 - **c** →

M517 - **d**

M519 - Etranger **b**

M520 - Australie **d**

Correspondance des valeurs

b - jusqu'à 10 F - 1,5 €
c - 10 à 20 F - 1,5 à 3 €
d - 20 à 40 F - 3 à 6 €
e - 40 à 60 F - 6 à 9 €
f - 60 à 100 F - 9 à 15 €
g - 100 à 150 F - 15 à 23 €
h - au-delà de 150 F - 23 €
📖- Double feuillet
r°v° - recto verso

M521 - r°v° d

M522 - b

M523 - b

M524 - b

M525 - All. c

M526 - b

M527 - d

←M528 - r°v° All. b

M529 - r°v° b

M530 - r°v° Film b

M531 - r°v° Film b

M532 Etranger r°v° **b**

M533 Etranger r°v° **b**

M534 - All. **b**

M535 - All. **b**

←**M536** - Etranger **c**

M537 - Canada **b**→

M538 - r°v° Film **b**

M539 - Etranger **c**

M540
📖 Japon **d**

b - jusqu'à 10 F - 1,5 €
c - 10 à 20 F - 1,5 à 3 €
d - 20 à 40 F - 3 à 6 €
e - 40 à 60 F - 6 à 9 €
f - 60 à 100 F - 9 à 15 €
g - 100 à 150 F - 15 à 23 €
h - au-delà de 150 F - 23 €
📖 - Double feuillet
r°v° - recto verso

M541 - r°v° Patch **c**

M542 - r°v° Patch **b**

M543 - r°v° **b**

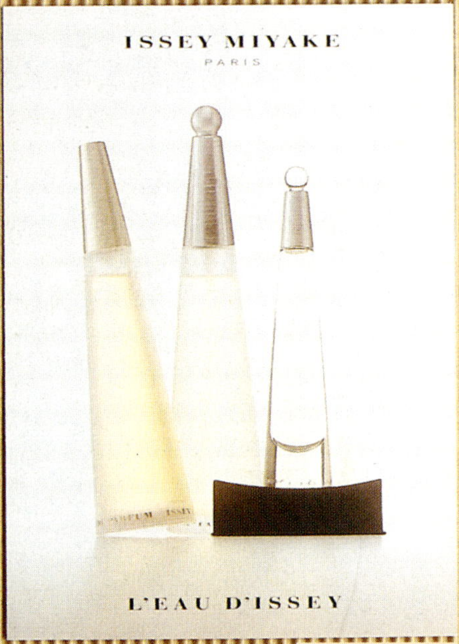

M544 - r°v° Patch **b**

M545 - **b**

M546 - 📖 Patchs **e**

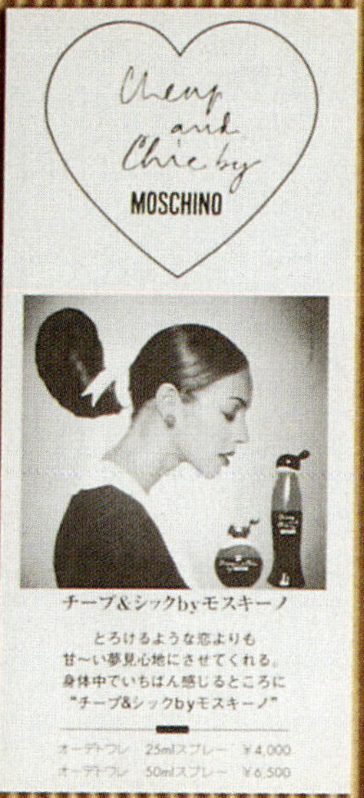

M547 - Japon **d**

M548 - **d**

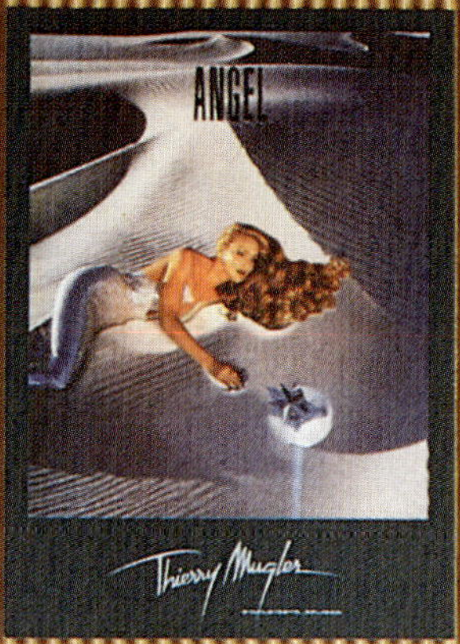

M549 - Etranger **d**

M550 - r°v° All. **b**

M551 - **d**

M552 - **b**

M553 - **c**

M554 - All. **b**

M555 - Australie **c**

M556 - **b**

M557 - **d**

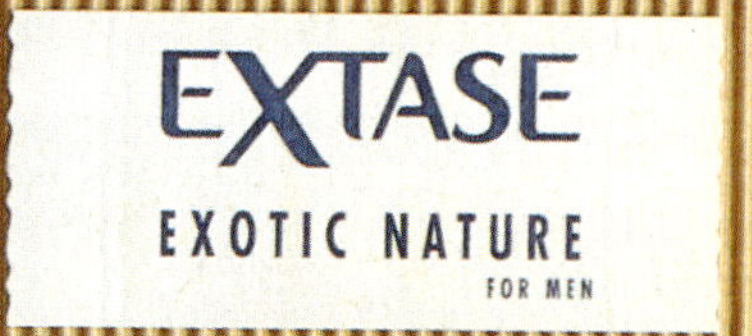

M558 - **c**

M559 - **d**

Correspondance des valeurs

- **b** - jusqu'à 10 F - 1,5 €
- **c** - 10 à 20 F - 1,5 à 3 €
- **d** - 20 à 40 F - 3 à 6 €
- **e** - 40 à 60 F - 6 à 9 €
- **f** - 60 à 100 F - 9 à 15 €
- **g** - 100 à 150 F - 15 à 23 €
- **h** - au-delà de 150 F - 23 €
- 📖 - Double feuillet
- r°v° - recto verso

1000
JEAN PATOU
PARIS
←M560 - r°v° b
Un Amour de PATOU
←M561 - Japon d
M562 - b
Un Amour de PATOU
M563 - b
Un Amour de PATOU
M564 - b
Un Amour de PATOU
M569
lavandula officinalis
M566
BLUEBELL
EAU DE TOILETTE
Penhaligon's
Perfumers
Established 1870
M568
Cornubia
EAU DE TOILETTE
M565
ROOM SPRAY
M567
PENHALIGON'S
RACQUETS
formula
COLOGNE
M565 à M573 - r°v° Film e
M570
EAU
SANS PAREIL
PENHALIGON'S
M571
EAU DE
VERVEINE
PENHALIGON'S
M572
LILY OF THE VALLEY
M573
VIOLETTA

M574 - r°v° Patch USA c

M575 - e

M576 - e

M577 - d

M578 - d

M579 - 1978 📖 b

M580 - 1991 📖 b

M581 - r°v° b

M582 - b

M583 - b

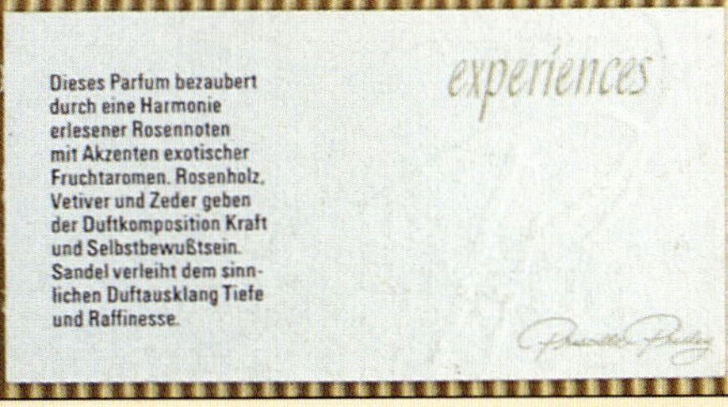

M584 - r°v° c

Correspondance des valeurs

- b - jusqu'à 10 F - 1,5 €
- c - 10 à 20 F - 1,5 à 3 €
- d - 20 à 40 F - 3 à 6 €
- e - 40 à 60 F - 6 à 9 €
- f - 60 à 100 F - 9 à 15 €
- g - 100 à 150 F - 15 à 23 €
- h - au-delà de 150 F - 23 €
- 📖 - Double feuillet
- r°v° - recto verso

M585 - b

M586 - c

M587 - b

M588 - r°v° c

M589 - r°v° c

M590 - b

M591 - b

M592 - b

M593 - Etranger b

M594 - r°v° c

M595 - c

M596 - b

M597 - c

M598 - c

M599 - d

M601 - r°v° Australie d

M600 - d

M602 - d

M603 - c

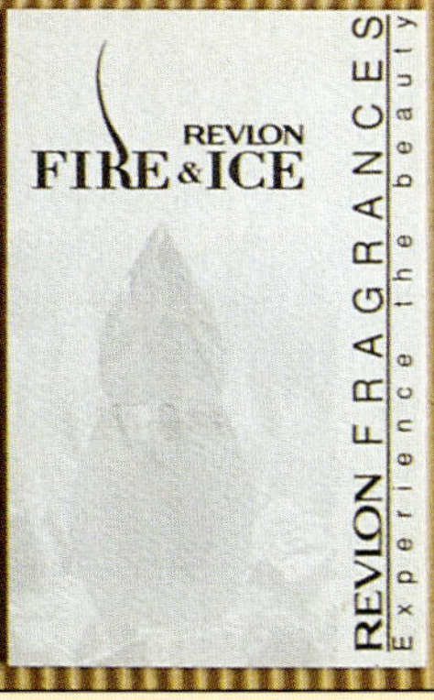

M604 - c

M605 - Australie c

Correspondance des valeurs

- **b** - jusqu'à 10 F - 1,5 €
- **c** - 10 à 20 F - 1,5 à 3 €
- **d** - 20 à 40 F - 3 à 6 €
- **e** - 40 à 60 F - 6 à 9 €
- **f** - 60 à 100 F - 9 à 15 €
- **g** - 100 à 150 F - 15 à 23 €
- **h** - au-delà de 150 F - 23 €

📖 - Double feuillet
r°v° - recto verso

M606 - r°v° Pub g

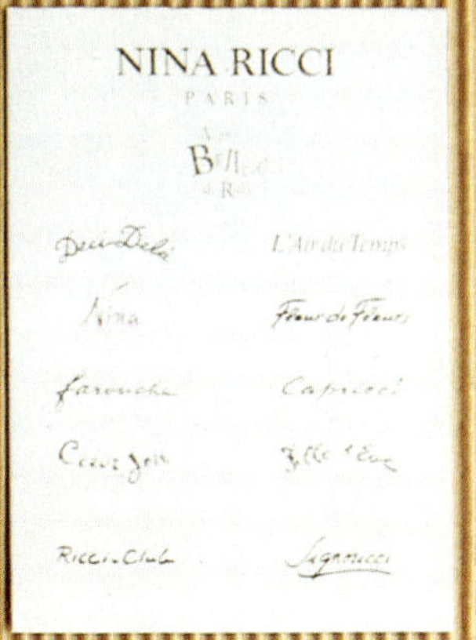

M607 - Espagne b

M608 - ~~f~~

M609 - Suisse 4 volets h

M610 - 📖 g

M611 - Canada c

M612 - ~~f~~

↓M613 - 3 volets Film c

M614 - r°v° Patch **b**

M615 - r°v° Hollande **c**

M616 - r°v° Patch **b**

M617 - Portugal **c**

M618 - **d**

M619 - **b**

M620 - Portugal **c**

M621 - **g**

M622 - **g**

M623 - r°v° **b**

M624 - **b**

Correspondance des valeurs

b - jusqu'à 10 F - 1,5 €
c - 10 à 20 F - 1,5 à 3 €
d - 20 à 40 F - 3 à 6 €
e - 40 à 60 F - 6 à 9 €
f - 60 à 100 F - 9 à 15 €
g - 100 à 150 F - 15 à 23 €
h - au-delà de 150 F - 23 €
📖 - Double feuillet
r°v° - recto verso

M625 - r°v° Grattage **b**

M626 - r°v° Grattage **b**

M627 - **c**

M628 - **b**

M629 - r°v° Grattage **b**

M630 - **b**

M631 - r°v° **b**

M632 - r°v° **b**

M633 - **c**

M634 - **c**

M634bis - Espagne **c**

M635 - r°v° **c**

M636 - All. **c**

M637 - r°v° **b**

M638 - **d**

M639 - r°v° Film **c**

M640 - r°v° Film USA **c**

M642 - r°v° Film **c** ↓

M641 - r°v° Film **c**

M643 - r°v° Film Pays Arabes **d**

M644 - r°v° Film **c**

b - jusqu'à 10 F - 1,5 €
c - 10 à 20 F - 1,5 à 3 €
d - 20 à 40 F - 3 à 6 €
e - 40 à 60 F - 6 à 9 €
f - 60 à 100 F - 9 à 15 €
g - 100 à 150 F - 15 à 23 €
h - au-delà de 150 F - 23 €
📖 - Double feuillet
r°v° - recto verso

M645 - b
YvesSaintLaurent
JAZZ
YvesSaintLaurent
M646 - r°v° b
OPIUM
Fraîcheur d'Orient
YvesSaintLaurent
M647 - r°v° All. c
JAZZ
M648 - r°v° Film b
VICE VERSA
Yves Saint Laurent
M649 - r°v° Patch c
M650 - e
LIVE JAZZ
M651 - r°v° Film b
Yves Saint Laurent
YvesSaintLaurent
M652 - r°v° e
Live Jazz. Parfum. Garçon.
YvesSaintLaurent
M653 - b
OPIUM
OPIUM FOR MEN
KOUROS
POUR HOMME
JAZZ
YvesSaintLaurent
M655 - e
OPIUM
YvesSaintLaurent
M656 - r°v° c
M654 - r°v° c
RIVE GAUCHE
PARIS
OPIUM
YVRESSE
Y
YvesSaintLaurent

M657 - r°v° c

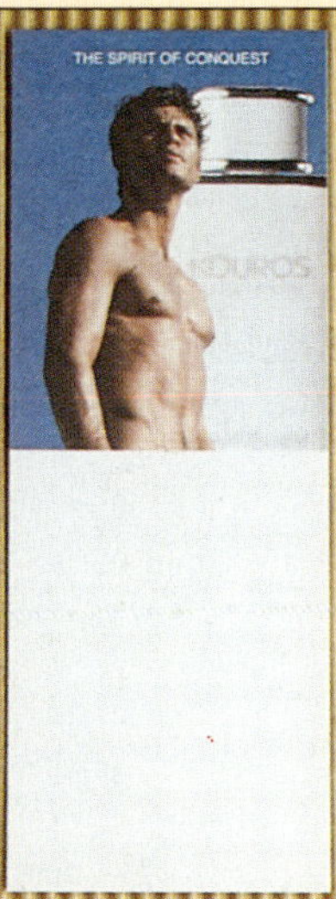

M658 - r°v° c

←M659 - r°v° c

M660 - b

M661 - r°v° b

M662 - All. c

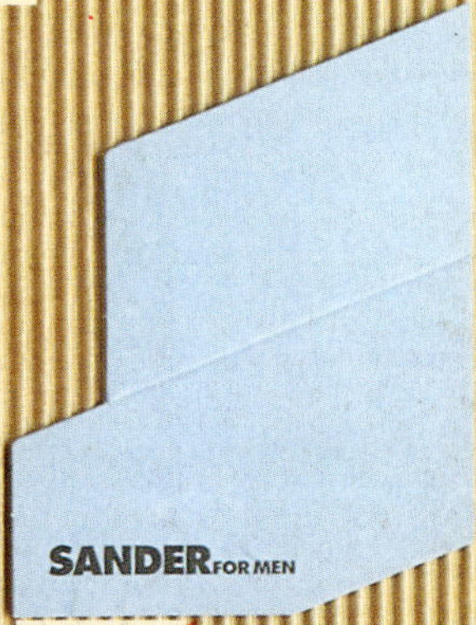

M663 - r°v° b

M664 - b

M665 - d

←M666 - r°v° Film c

M667 - Film d

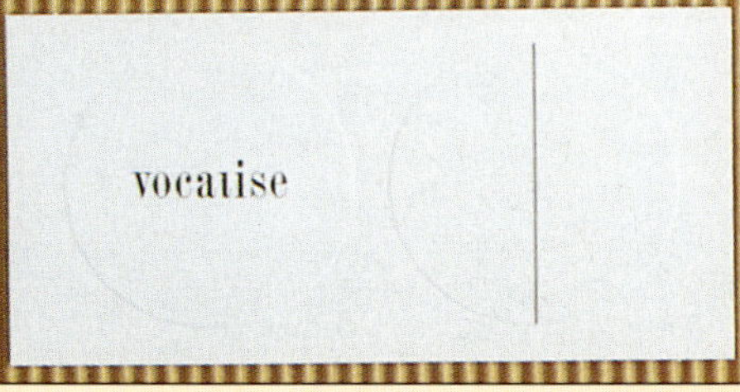

M669 - USA b

M670 - b

Correspondance des valeurs

- **b** - jusqu'à 10 F - 1,5 €
- **c** - 10 à 20 F - 1,5 à 3 €
- **d** - 20 à 40 F - 3 à 6 €
- **e** - 40 à 60 F - 6 à 9 €
- **f** - 60 à 100 F - 9 à 15 €
- **g** - 100 à 150 F - 15 à 23 €
- **h** - au-delà de 150 F - 23 €

📖 - Double feuillet
r°v° - recto verso

M671 - c

M672 - r°v° Japon d

M673 - c

M674 - r°v° Japon d

M675 - b

M676 - b

M677 - b

M678 - c

M679 - b

M680 - b

M681 - All. b

M682 - c

M683 - r°v° b

M684 - r°v° d

← M685
r°v° Portugal c

M686 - e

M687 - r°v° c

M688 - b

M689 - e

M690 - b

M691 - b

M692 - b

M693 - b

M694 - b

M695 - b

M696 - d

Correspondance des valeurs

- **b** - jusqu'à 10 F - 1,5 €
- **c** - 10 à 20 F - 1,5 à 3 €
- **d** - 20 à 40 F - 3 à 6 €
- **e** - 40 à 60 F - 6 à 9 €
- **f** - 60 à 100 F - 9 à 15 €
- **g** - 100 à 150 F - 15 à 23 €
- **h** - au-delà de 150 F - 23 €

📖 - Double feuillet
r°v° - recto verso

M697 - b

M698 - d

M699 - d

M700 - c

M701 - All. b

M702 - r°v° b

M703 - r°v° Film c

↑M704 - r°v° 📖 Patchs USA b

↓M705 - Patch r°v° triple volets USA c

M707 - Etranger c

M708 - r°v° b

M709 - r°v° b

M710 - r°v° b

M711 - Espagne c

M712 - b

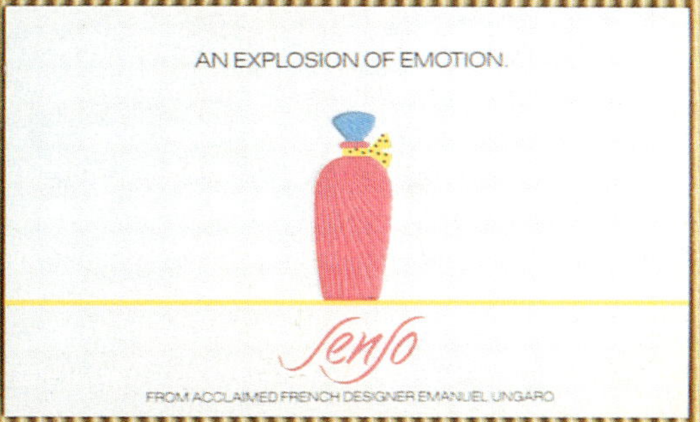

M713 - f

M714 - G.B b

M715 - c

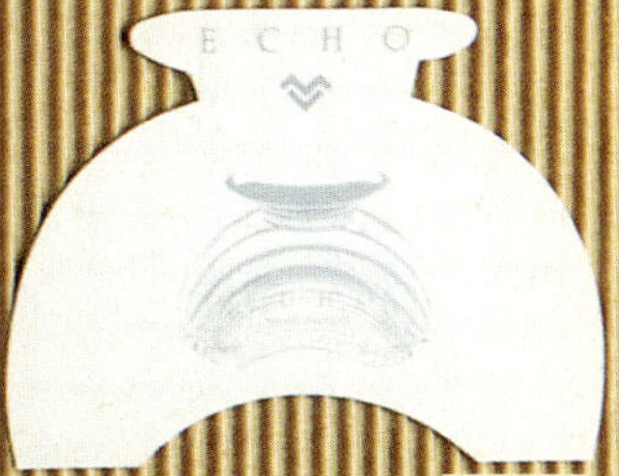

M716 - d

M717 - d

M718 - All. c

Correspondance des valeurs

b - jusqu'à 10 F - 1,5 €
c - 10 à 20 F - 1,5 à 3 €
d - 20 à 40 F - 3 à 6 €
e - 40 à 60 F - 6 à 9 €
f - 60 à 100 F - 9 à 15 €
g - 100 à 150 F - 15 à 23 €
h - au-delà de 150 F - 23 €
📖- Double feuillet
r°v° - recto verso

M719 - r°v° b

M720 - r°v° Patch b

M721 - r°v° b

M722 - b

M723 - G.B b

M724 - c

M725 - g

M726 - b

M727 - r°v° Film b

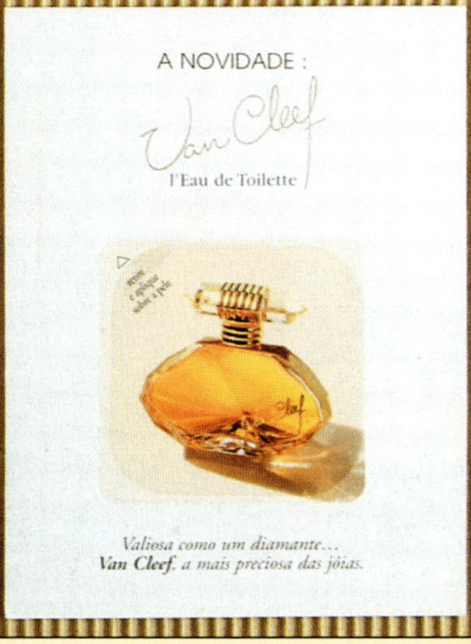

M728 - c

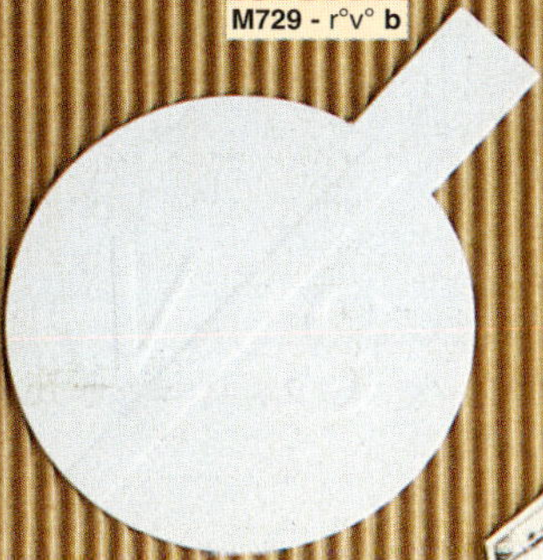

M729 - r°v° b

M730 - c

M731 - d

M732 - e

M733 - b

M734 - r°v° b

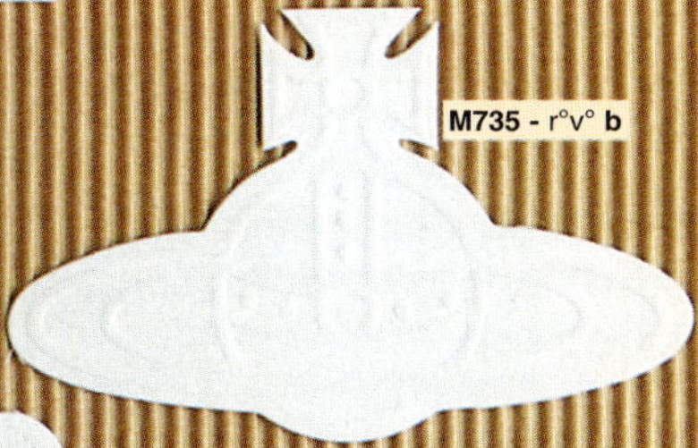

M735 - r°v° b

M739 - r°v° b

M736 - Etranger d

M737 - r°v° Film d

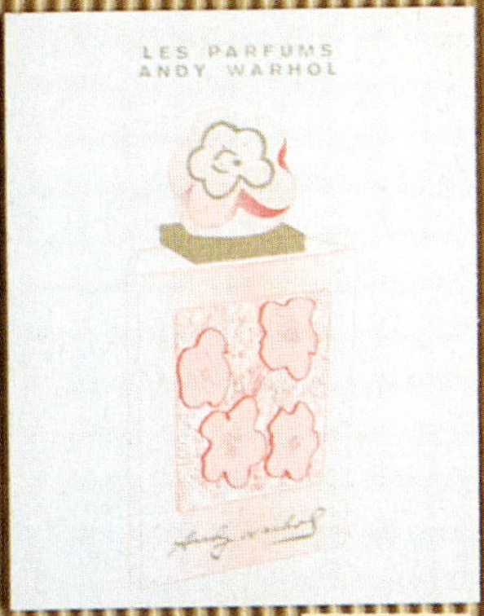

M738 - r°v° b

M740 - b

Correspondance des valeurs

- **b** - jusqu'à 10 F - 1,5 €
- **c** - 10 à 20 F - 1,5 à 3 €
- **d** - 20 à 40 F - 3 à 6 €
- **e** - 40 à 60 F - 6 à 9 €
- **f** - 60 à 100 F - 9 à 15 €
- **g** - 100 à 150 F - 15 à 23 €
- **h** - au-delà de 150 F - 23 €
- 📖 - Double feuillet
- r°v° - recto verso

Achevé d'imprimer en Février 2000
pour le compte des Editions Arfon
N° d'imprimeur 35614C